prometeo
libros

prometeo
libros

CULTURA FEMICIDA

El riesgo de ser mujer en América Latina

Esther Pineda G.

CULTURA FEMICIDA

El riesgo de ser mujer en América Latina

prometeo
libros

Diagramación: Yanina Pérez
Corrección de galeras: Marina Rapetti

© De esta edición, Prometeo Libros, 2019
Pringles 521 (C1183AEI), Buenos Aires, Argentina
Tel.: (54-11) 4862-6794 / Fax: (54-11) 4864-3297
editorial@treintadiez.com
www.prometeoeditorial.com

*"El feminismo
es un hermoso movimiento pacifista
que nunca ha matado nadie,
mientras que el machismo
mata todos los días"*
(BENOÎTE GROULT)

*"Los hombres temen que las mujeres se rían de ellos.
Las mujeres temen que los hombres las asesinen"*
(MARGARET ATWOOD)

Índice

Introducción

Los masivos asesinatos de mujeres en la Ciudad de Juárez en el Estado mexicano de Chihuahua, durante la década de los noventa, colocó en la opinión publica el tema y el término del femicidio. Estos crímenes por sus altos grados de violencia, sadismo, ensañamiento y crueldad se consideraron como un hecho inédito y dieron paso a la estereotipación de este tipo de crímenes[1], pero también de sus víctimas.

Los medios de comunicación difundieron la idea de que las víctimas de femicidio eran en su mayoría mujeres jóvenes, de cabello negro, largo, de escasos recursos y trabajadoras de las industrias maquiladoras; muchas de ellas migrantes de otras regiones de México pero también de países centroamericanos quienes en la mayoría de los casos habían sido víctimas de abuso sexual y cuyos cadáveres desnudos o semidesnudos -en oportunidades atados- se encontraron en basureros, terrenos baldíos o parajes desérticos "después de días o meses de desaparición con los pechos mutilados, extracción de vísceras, lesiones dentales, cortes de pelo irregular o inscripciones a cuchillo en el cuerpo con frases ofensivas (como «puta» o «perra»)" (Laurenzo, 2012, p. 124). No obstante, como lo ha señalado Rita Segato (2006) aunque en estos crímenes es posible reconocer una serie de características recurrentes, estos

---

[1] "En agosto de 2003, Amnistía Internacional informaba unos 370 casos de mujeres asesinadas desde 1993 en Ciudad Juárez y más de 400 casos de mujeres desaparecidas o ausentes. Los cadáveres de estas mujeres fueron encontrados en la periferia de la ciudad, en terrenos baldíos o en basureros. (…) También fueron formuladas algunas hipótesis sobre la posibilidad de que los asesinatos fueran cometidos en el contexto de ritos satánicos o de que ciertas mujeres hayan sido víctimas de video *snuff* —es decir asesinadas en directo, mientras se filma el acto sexual o la violación—. Otras hipótesis aluden al tráfico de órganos" (Labrecque, 2005, p. 51-54). Según Lagarde (2008), en estos casos también se ha especulado que los cuerpos de las mujeres han sido empleados como lenguajes cifrados entre hombres poderosos, empresarios o entre criminales y sus bandas; se han vinculado los homicidios de niñas y mujeres con el crimen organizado y el narcotráfico, pero también con la producción y comercialización de pornografía dura.

no definen el tipo de asesinatos de mujeres por razones de género más frecuente o numeroso[2].

Pese a ello, estos hechos sentaron en el imaginario social mundial y latinoamericano la idea de que estos crímenes solo ocurrían en México y a las mujeres con estas características, quienes además fueron asociadas a un determinado tipo de conducta: mujeres solas, asiduas asistentes a los antros nocturnos, con significativos grados de liberación sexual, y que probablemente se involucraban con hombres violentos, coyotes o traficantes. La evidencia más tarde mostraba que estos hechos ocurrían también en otras latitudes de la región, pero mediáticamente solo aparecieron de forma visible en Colombia[3] y en los países centroamericanos, entre los que destacaron El Salvador, Guatemala y Honduras; motivo por el cual este hecho intentó explicarse como una consecuencia de los altos niveles de conflictividad social, tráfico de drogas, de órganos, trata de personas, migración ilegal, pandillas y grupos paramilitares o paraestatales constituidos en estos países. Los involucrados generalmente fueron asociados al crimen organizado, y con ello se disminuyó la importancia de los femicidios.

Las autoridades minimizaron el problema, e incluso afirma Laurenzo (2012) que recurrieron a la fabricación de culpables para acallar críticas y disimular la falta de interés en la búsqueda de la verdad. Durante décadas se consideró que este tipo de crímenes no ocurrían en otros países latinoamericanos[4], que aquellos con mayores índices de desarrollo y "democracia" estaban alejados y exentos de esta realidad, por lo cual el femicidio se intentó encubrir bajo el discurso de la criminalidad y la violencia social. De este modo, el problema fue sistemática y repetidamente negado, desatendido,

---

[2] De acuerdo con el periodista Humberto Padgett, autor del libro *Las muertas del Estado*, estos crímenes tampoco ocurren de manera exclusiva en las regiones tradicionalmente señaladas; según este, durante los mismos años que convirtieron a Ciudad Juárez en referente mundial del femicidio, en el Estado de México 10 veces más mujeres fueron asesinadas. Durante los 21 años estadísticamente analizados en el referido estudio, el Estado de México fue el peor sitio para ser mujer, no en números absolutos sino en tasas.

[3] Un ejemplo de ello fue la masacre de Bahía Portete (La Guajira), ocurrida en 2004 a manos del comandante paramilitar Arnulfo Sánchez, alias Pablo. En esos hechos fueron asesinadas cuatro mujeres indígenas de la comunidad Wayuu, a quienes las abalearon, decapitaron y les cortaron los senos ("Las mujeres de Bahía Portete: entre la memoria del pasado y la reinvención del presente", *La Silla Vacía*, 11 de septiembre 2010. "Cinco historias de violencia contra la mujer", *El Espectador*, 24 de noviembre 2015).

[4] Esto no era más que una ilusión, si bien en otras latitudes estos sucesos no alcanzaron la misma magnitud que en Ciudad de Juárez, la realidad demostraba que ningún país estaba exento de este tipo de crímenes. Un ejemplo de ello lo constituye el caso de Miriam Flores, una mujer paraguaya de 25 años asesinada a golpes en 2010 y encontrada muerta entre escombros en La Pampa, Argentina, con un tiro en la nuca y un dólar en la boca ("El crimen caleidoscopio", *Página 12*, 11 de junio de 2010).

postergado e invisibilizado, hasta que se hizo evidente, explícito e inocultable en diversos países de la región.

No ha sido sino en los últimos años que esta situación comenzó a transformarse, se develaba la verdadera naturaleza y motivaciones de estos crímenes, el género, así como los altos índices de asesinatos de mujeres principalmente a manos de sus novios, prometidos, esposos, concubinos, amantes, pero también de sus ex parejas. Este hecho puso en evidencia que los asesinatos de mujeres no eran más que el desenlace, la forma última y extrema de un *continuum* de formas de violencia por razones de genero[5] a las que son sometidas las mujeres a lo largo de su vida en una sociedad patriarcal[6] y androcéntrica[7], entre las que se destacan: la violencia simbólica, mediática, verbal, laboral, política, patrimonial, institucional, el acoso, la trata, la prostitución, la violencia psicológica, sexual, física y la inducción al suicidio.

El femicidio ya no podía seguir ocultándose, estos hechos favorecieron que comenzaran a discutirse sus altos índices de ocurrencia en América Latina, sus características, manifestaciones y perpetradores, los grados de aceptación y permisividad social de la que gozan este tipo de crímenes, así como su frecuente justificación en los medios de comunicación; lo cual sin dudas lo convirtió en una de las principales amenazas a la igualdad en la sociedad latinoamericana. Además, los numerosos asesinatos pusieron de manifiesto que no eran hechos aislados como tradicionalmente se habían concebido; así lo evidencian las cifras oficiales disponibles de 15 países de América Latina[8], las cuales dan cuenta de que entre los años 2010 y 2016 fueron asesinadas por motivos de género un total de 7227 mujeres. Esto equivale a 1204 mujeres al año, 100 al mes y 3 al día; es decir, la violencia contra la mujer en la región se convirtió en lo que Eugenio Zaffaroni (2011) define como una "masacre por goteo".

---

[5] La Declaración de las Naciones Unidas sobre la Eliminación de la Violencia contra la Mujer definió la violencia contra la mujer (VCM) como todo acto de violencia basado en la pertenencia al sexo femenino que tenga o pueda tener como resultado un daño o sufrimiento físico, sexual o sicológico para la mujer, así como las amenazas de tales actos, la coacción o la privación arbitraria de la libertad, tanto si se producen en la vida pública como en la vida privada.

[6] El patriarcado de acuerdo a Victoria Sau (2000) ha consistido a lo largo de la historia en el poder ejercido de los padres, es decir, consiste en un sistema familiar y social, ideológico y político en el cual los hombres, a través de la fuerza, la presión directa, los rituales, la tradición, la ley o el lenguaje, las costumbres, la etiqueta, la educación, y la división del trabajo, determinan cual es o no el papel que las mujeres deben interpretar con el fin de estar en toda circunstancias sometidas al varón.

[7] Androcentrismo, según Victoria Sau (2000), entendido como el pensamiento donde el hombre se presenta como la medida de todas las cosas.

[8] Argentina, Bolivia, Chile, Colombia, Costa Rica, Ecuador, El Salvador, Guatemala, Nicaragua, Panamá, Paraguay, Perú, República Dominicana, Uruguay y Venezuela.

Capítulo 1

El asesinato de mujeres por ser mujeres: una constante histórica

Las mujeres han sido asesinadas en la hoguera y en la horca, en la cama y en la plaza, asfixiadas y apuñaladas, por sus maridos y por sus padres, por la iglesia y por militares; es decir, el asesinato de mujeres por el hecho de ser mujeres puede considerarse una constante histórica, pues este crimen ha estado presente en las distintas etapas del proceso histórico social, así como en las múltiples y diversas formas organizativas que ha cobrado la sociedad. Pero este proceso de aniquilamiento de la feminidad no ha sido arbitrario ni injustificado, por el contrario, ha sido amparado en el aparato religioso pero también jurídico, es decir, en la "ley de dios" pero también en la "ley del hombre", por lo cual se instauró como incuestionable e inmodificable.

Durante siglos, a través del derecho masculinista[1], las leyes creadas por los hombres y para los hombres pautaron el asesinato de las mujeres, prescribieron su muerte por la mano de los hombres, de otras mujeres u obligándoles a acabar con sus propias vidas. El Código Hammurabi -primer manuscrito jurídico de la humanidad- es una muestra de ello, en este se ordenaba taxativamente quemar viva, empalar u obligar a suicidarse a toda mujer que transgrediera el mandato de la feminidad; en otras palabras, que se permitiera hacer o decir aquello que estaba prohibido a su sexo, mandato también

---

[1] Según Alda Facio (2005) el derecho masculinista es aquel que norma y regula de forma diferenciada y desigual la conducta y actuación de hombres y mujeres. Estas legislaciones son aquellas que privilegian a los hombres, o las que no son capaces de reconocer y actuar contra la discriminación, perjuicio y violencia experimentada por las mujeres.

dirigido a toda aquella que fuese señalada de mancillar por los hechos o los supuestos el honor masculino[2].

Durante la Edad Media a las mujeres se les asesinó ya no solo por adúlteras o la sospecha de que lo eran, sino también por la creencia de que eran brujas[3]. Las llamadas cacerías de brujas y su ulterior asesinato, según Hester (2006), fueron cometidas contra mujeres a quienes desde una mirada mitificada se le atribuían poderes sobrenaturales, las cuales fueron estereotipadas y envilecidas en el *Malleus Maleficarum (Martillo de las Brujas)*[4] y a quienes se les responsabilizó de:

Producir tempestades; herir a los hombres en todo, sin excepción (pueden causar heridas pinchando una imagen o una estatuilla que represente a la persona que quieren embrujar); provocar esterilidad de hombres y animales; provocar enfermedades (algunas han generado lepra mediante un "viento cálido" o por un "soplo en la cara"); devorar niños bautizados; ofrecer niños no bautizados a los demonios o matarlos de otra manera (los cuerpos de los niños que matan los ponen a cocer en una caldera hasta que toda la carne se desprende de los huesos; con el elemento más sólido hacen un ungüento y con el líquido una bebida); enloquecer a los caballos; trasladarse, en cuerpo o en espíritu, por el aire de un lugar a otro (frotan, con el ungüento referido, una silla o un trozo de madera y se transportan por los aires); cambiar –por medio de la mirada y un destello de ojos- el ánimo de los jueces para que no puedan hacerles daño, por ello resulta conveniente que la bruja sea llevada ante el juez, de espaldas; en las torturas, dotarse a sí mismas y a otras del don de la taciturnidad (algunas lo consiguen cociendo en el horno un niño varón y primogénito); revelar acontecimientos futuros y cosas ocultas (si desea saber lo que sucede en otro lugar, se acuesta sobre el lado izquierdo y de su boca sale un vapor glauco, a través del cual ve todo cuanto ocurre); cambiar los corazones de los hombres hacia un amor o un odio desordenado (suscitan enemistades poniendo la piel y la cabeza de una serpiente bajo el umbral de la casa); destruir por un rayo lo que deseen; desencadenar mortandades mediante pestes; provocar abortos y causar la muerte de niños en el seno materno con solo un tocamiento exterior;

---

[2] "Ley 110: Si una (sacerdotisa) naditum [o] una (sacerdotisa) ugbabtum que no reside en un convento gagu abre una taberna o entra por cerveza en una taberna, a esa mujer, que la quemen". "Ley 132: Si a la esposa de un hombre, a causa de otro varón, se la señala con el dedo, ella, aunque no haya sido descubierta acostada con el otro varón, tendrá que echarse al divino Río por petición de su marido". "Ley 153: Si la esposa de un hombre, a causa de otro varón, hace que maten a su marido, a esa mujer la empalarán".

[3] Según Carlos Bigalli (2006), en el *Malleus Maleficarum* el único remedio contemplado contra las brujas es que los jueces las suprimieran o las castigaran como ejemplo para el porvenir, por lo cual debían ser exterminadas por el brazo secular.

[4] Libro publicado en 1487 por los dominicos Jacobo Sprenger y Enrique Institoris (conocido como Kraemer).

embrujar a hombres y animales mediante una simple mirada; transformar a los humanos en animales (Bigalli, 2006, p. 102-103).

Se consideraba que la mirada, pronunciamiento de palabra o conjuro de una bruja también bastaba para que, como señala Bigalli (2006), pudieran "enfriar el deseo" entre hombres y mujeres, producir impotencia (temporal o perpetua), hacer susceptible de infidelidad a la pareja, e incluso, hacer desaparecer el pene de los hombres. A saber, las acusaciones de brujería estuvieron estrechamente ligadas a las disfunciones sexuales de los hombres y a la consecuente insatisfacción sexual femenina, pero desde una perspectiva patriarcal esa incapacidad de los hombres para proporcionarle placer a las mujeres nunca sería reconocida, por lo cual resultaba más fácil atribuirlo a hechizos y encantamientos producidos por otras mujeres; de este modo, las mujeres también fueron asesinadas por no satisfacer los imaginarios y expectativas de placer masculinas.

> Una acusación recurrente en los juicios por brujería era que las brujas llevaban a cabo prácticas sexuales degeneradas, centradas en la copulación con el Diablo y en la participación en orgías que supuestamente se daban en el aquelarre. (…) En este proceso fue fundamental la prohibición, por antisociales y demoníacas, de todas las formas no productivas, no procreativas de la sexualidad femenina (Federici, 2010, p. 262-264).

Aunado a ello, la caza de brujas también fue una justificación para el asesinato de las mujeres por sus preferencias sexo-afectivas lesbianas o bisexuales, reales o supuestas pues:

> Los recuentos de historias de brujas rebosan con reseñas de orgias en las que se incluyen menciones de homosexualidad y bisexualidad, y la frase *fémina cum feminus* (mujer contra mujer) al parecer era una acusación generalizada en los juicios contra brujas (Robson, 2006, p. 105).

Así mismo, muchas de estas mujeres consideradas y juzgadas como brujas eran "por lo general ancianas, de clase baja, pobres y con frecuencia solteras o viudas" (Hester, 2006, p. 78), es decir, mujeres que no formaban parte de los grupos de privilegio. Algunas víctimas de la inquisición solo trataron de controlar su función reproductiva mediante la anticoncepción o el aborto (Federici, 2010); pero sobre todo, las mujeres denunciadas por brujas eran mujeres transgresoras, quienes según Zaffaroni (2005) no se resignaban a ser esposas y madres sumisas como lo requería la estructura jerárquica patriarcal, por lo cual, cuando el hombre fracasaba en la tarea de domesticación intervenía la inquisición.

Pero como era de esperar en una cultura patriarcal, cuya misoginia era emanada y promovida desde las principales instancias de poder político, económico, religioso y jurídico, estas prácticas metódicas de persecución y asesinato encontraron poca resistencia; los hombres pertenecientes a las clases trabajadoras y desposeídas respaldaron la criminalización de las mujeres debido a que algunos:

> Hicieron negocios denunciando mujeres, designándose a sí mismos «cazadores de brujas», viajando de pueblo en pueblo amenazando con delatar a las mujeres a menos que ellas pagaran. Otros hombres aprovecharon el clima de sospecha que rodeaba a las mujeres para liberarse de esposas y amantes no deseadas, o para debilitar la venganza de mujeres a las que ellos habían violado o seducido (Federici, 2010, p. 260).

Por su parte, aquellos hombres pertenecientes a la élite intelectual fueron quienes más contribuyeron a la persecución:

> Fueron ellos quienes sistematizaron los argumentos, respondieron a los críticos y perfeccionaron la maquinaria legal que, hacia finales del siglo XVI, dio un formato normalizado, casi burocrático, a los juicios, lo que explica las semejanzas entre las confesiones más allá de las fronteras nacionales. En su trabajo, los hombres de la ley contaron con la cooperación de los intelectuales de mayor prestigio de la época, incluidos filósofos y hombres de ciencia que aún hoy son elogiados como los padres del racionalismo moderno. Entre ellos estaba el teórico político inglés Thomas Hobbes, quien a pesar de su escepticismo sobre la existencia de la brujería, aprobó la persecución como forma de control social. Enemigo feroz de las brujas —obsesivo en su odio hacia ellas y en sus llamamientos a un baño de sangre— fue también Jean Bodin, el famoso abogado y teórico político francés, a quien el historiador Trevor Roper llama el Aristóteles y el Montesquieu del siglo XVI. (...) Bodin, al que se le acredita la autoría del primer tratado sobre la inflación, participó en muchos juicios y escribió un libro sobre «pruebas» (Demomania, 1580) en el que insistía en que las brujas debían ser quemadas vivas, en lugar de ser «misericordiosamente» estranguladas antes de ser arrojadas a las llamas; que debían ser cauterizadas, así su carne se pudría antes de morir; y que sus hijos también debían ser quemados. Bodin no fue un caso aislado. En este «siglo de genios» —Bacon, Kepler, Galileo, Shakespeare, Pascal, Descartes— que fue testigo del triunfo de la revolución copernicana, el nacimiento de la ciencia moderna y el desarrollo del racionalismo científico, la brujería se convirtió en uno de los temas de debate favoritos de las elites intelectuales europeas. Jueces, abogados, estadistas, filósofos, científicos y teólogos se preocuparon por el «problema», escribieron panfletos y

demonologías, acordaron que este era el crimen más vil y exigieron que fuera castigado (Federici, 2010, p. 229-230).

El asesinato de mujeres por razones de género ha sido una constante histórica, sin embargo, esta ha incrementado y profundizado sus expresiones de crueldad y violencia en periodos en los que las mujeres lograron hacer ruptura con los códigos tradicionales, transformar pautas comportamentales, generar cambios sociales; pero sobre todo, obtener conocimiento, prestigio, riqueza, poder y posiciones de liderazgo[5], por ello, no es casual que:

> Para mediados del siglo XVI, momento en que surge la brujo-manía en Inglaterra, las mujeres comenzaban a invadir algunos dominios antes "masculinos". Por ejemplo, fue un periodo extraordinario en el ascenso de mujeres monarcas: María Tudor, Elizabeth I, María Reina de Escocia, Catalina de Medici, que gobernó Francia en nombre de sus hijos, así como varias regentas en el imperio de los Habsburgo. Este dominio de las mujeres era considerado como no natural e indeseado, lo cual produjo varias reacciones condenatorias y misóginas (Hester, 2006, p. 83).

Este hecho también quedó en evidencia durante el periodo de la Ilustración y los procesos revolucionarios que emergieron a su luz, como la Independencia Norteamericana y la Revolución Francesa; así como, en la posterior Declaración de los Derechos del Hombre y del Ciudadano, los cuales desarrollaron y promulgaron como criterios naturales e imprescriptibles: *Lliberté, Egalité, Fraternité* (Libertad, Igualdad, Fraternidad); no obstante, estos recién adquiridos derechos solo serían reconocidos por los hombres para los hombres, en abierto y explícito detrimento de las mujeres, en una sociedad hambrienta de igualdad. En este contexto fue guillotinada en 1793 Olympe de Gouges, tras redactar una Declaración de los Derechos de la Mujer y la Ciudadana[6], la cual presentó a la recién instaurada Asamblea Nacional

---

[5] Un ejemplo de ello es el caso de Juana de Arco, quien tras guiar al ejército francés en la Guerra de los Cien Años contra Inglaterra, logrando que Carlos VII de Valois fuese coronado rey de Francia, fue capturada, entregada a los ingleses y condenada a la hoguera por herejía. Ante la falta de pruebas de una supuesta posesión maligna, uno de los argumentos sobre los que se fundamentó su juicio fue en la acusación de vestir como hombre, argumento amparado en el Deuteronomio 22:5 el cual establece que "la mujer no vestirá ropa de hombre, ni el hombre se pondrá ropa de mujer; porque cualquiera que hace esto es abominación al señor tu dios".

[6] "Preámbulo: Las madres, las hijas, las hermanas, representantes de la Nación, solicitan ser constituidas en Asamblea nacional. Considerando que la ignorancia, el olvido o el desprecio de los derechos de la mujer son las únicas causas de las desgracias públicas y de la corrupción de los gobiernos, han decidido exponer en una solemne declaración los derechos naturales, inalienables y sagrados de la mujer, con el fin de que esta declaración, presente continuamente en la mente de todo el cuerpo social, les recuerde sin cesar sus derechos y

Francesa demandando igualdad. De Gouges desafió el poder patriarcal y

---

deberes; con el fin de que los actos de poder de las mujeres y los actos de poder de los hombres puedan ser comparados en cualquier momento con el objetivo de toda institución política, y sean más respetados; con el fin de que las reclamaciones de las ciudadanas, basadas en lo sucesivo sobre principios sencillos e incontrovertibles, tiendan siempre hacia el mantenimiento de la Constitución, de las buenas costumbres y de la felicidad de todos. En consecuencia, el sexo superior, tanto en belleza como en valor -como demuestran los sufrimientos maternales- reconoce y declara, en presencia y bajo los auspicios del Ser Supremo, los siguientes Derechos de la Mujer y de la Ciudadana. Artículo I: La mujer nace libre y permanece igual al hombre en derechos. Las distinciones sociales no pueden estar basadas más que en la utilidad común. Artículo II: La finalidad de toda asociación política es la conservación de los derechos naturales e imprescriptibles de la Mujer y el Hombre. Estos derechos son la libertad, la propiedad, la seguridad y, sobre todo, la resistencia a la opresión. Artículo III: El principio de toda soberanía reside esencialmente en la Nación, que no es sino la reunión de la Mujer y el Hombre. Ningún cuerpo, ningún individuo, puede ejercer autoridad que no emane expresamente de ella. Artículo IV: La libertad y la justicia consisten en restituir todo lo que pertenece a otros; de este modo el ejercicio de los derechos naturales de la mujer no tiene más límites que la perpetua tiranía a que el hombre la somete; estos límites deben ser reformados por las leyes de la naturaleza y de la razón. Artículo V: Las leyes de la naturaleza y de la razón prohíben todos los actos perjudiciales para la sociedad: todo lo que no esté prohibido por estas leyes, justas y divinas, no puede ser impedido y nadie puede ser obligado a hacer lo que ellas no prescriben. Artículo VI: La ley debe ser la expresión de la voluntad general; todas las ciudadanas y ciudadanos deben contribuir personalmente o por medio de sus representantes, a su formación. Debe ser ésta la misma para todos; todas las ciudadanas y todos los ciudadanos, siendo iguales ante sus ojos, deben ser igualmente aptos para todas las dignidades, puestos y empleos públicos, según sus capacidades, y sin otra distinción que la de sus virtudes y sus talentos. Artículo VII: Ninguna mujer será exonerada; será acusada, detenida y arrestada en los casos previstos por la ley. Las mujeres obedecerán como los hombres a esta rigurosa ley. Artículo VIII: La ley no debe establecer más penas que las estricta y evidentemente necesarias y nadie puede ser castigado más que en virtud de una ley establecida y promulgada con anterioridad al delito y aplicada a las mujeres legalmente. Artículo IX: Sobre toda mujer que fuera declarada culpable, caerá todo el peso de la ley. Artículo X: Nadie debe ser molestado por sus opiniones, aún las más fundamentales; la mujer tiene derecho a subir al cadalso; debe tener igualmente el de subir a la tribuna siempre que sus manifestaciones no perturben el orden público establecido por la ley. Artículo XI: La libre comunicación de pensamientos y opiniones es uno de los derechos más preciados de la mujer, puesto que esta libertad garantiza la legitimidad de los padres con respecto a los hijos. Toda ciudadana puede, decir libremente: "Yo soy madre de un hijo que os pertenece", sin que un prejuicio bárbaro la obligue a disimular la verdad; salvo en los casos en que tenga que responder del abuso de esta libertad, en los casos determinados por la ley. Artículo XII: La garantía de los derechos de la mujer y de la ciudadana necesita de una utilidad mayor; esta garantía debe instaurarse en beneficio de todas y no para la utilidad particular de aquellas a quienes se confíe. Artículo XIII: Para el mantenimiento de la fuerza pública y para los gastos de administración, las contribuciones del hombre y la mujer son iguales; ella participa en todas las cargas y en todas las tareas penosas; debe pues, tener derecho a participar en el reparto de puestos, empleos, dignidades en la industria. Artículo XIV: Las ciudadanas y los ciudadanos tienen derecho a controlar por ellos mismos o por medio de sus representantes, la necesidad de la contribución pública. Las ciudadanas no pueden dar su consentimiento a dicha contribución si no es a través de la admisión de una participación equivalente, no sólo en cuanto a la fortuna, sino también en la administración pública, y en la determinación de la cuota, la base imponible, la cobranza y la duración del impuesto. Artículo XV: La masa de las mujeres, unida a la de los hombres para la contribución al erario público, tiene derecho a pedir cuentas a todo agente escribió: "Hombre, ¿eres capaz de ser justo? Una mujer te hace esta pregunta; por lo menos no le privarás ese derecho. Dime, ¿Qué te da imperio soberano para oprimir mi sexo?"

De este modo, como bien afirma Hester (2006), lo que hoy podríamos denominar femicidio, en el pasado era visto como una necesidad para garantizar el dominio y el orden social masculino, mediante la profilaxis social, es decir, mediante la supresión de los agentes transgresores y desestabilizadores. El femicidio -práctica represiva garante del sostenimiento de los intereses y monopolio del poder de los hombres- también se instauró como un mecanismo para neutralizar las demandas y deseos de libertad de las mujeres; al igual que para castigar su resistencia a la violencia sexual, en el contexto de la esclavitud y la apropiación violenta de los cuerpos sexuados de las mujeres indígenas y africanas por parte de los europeos durante la colonización de América.

Desde esta perspectiva es posible entonces hacer referencia a femicidios coloniales, en los cuales se asesinó por motivos de género y principalmente sexuales a las mujeres indígenas y africanas que se resistieron a los abusos sexuales de los colonos europeos y de los amos en las haciendas y plantaciones; aquellas asesinadas por poner en riesgo el estatus de estos señores al denunciar las violaciones o embarazos producto de relaciones extramaritales, pero también de las mujeres africanas esclavizadas y sus hijas nacidas en las américas que murieron como producto de la trata negrera; esto es, al haber sido convertidos sus cuerpos en mercancía para el uso y abuso patriarcal en el contexto de múltiples y repetidas formas de explotación sexual.

Según la mexicana Araceli Barbosa, durante la Conquista sólo pocas de las mujeres violadas llegaban a concebir hijos, reproduciendo a la vez el acto de dominación, ya que la mayoría moría a manos de los conquistadores durante brutales violaciones individuales o colectivas, que tenían como fin demostrar a los vencidos —mujeres y hombres— que no tenían ya individualidad nacional ni derechos (Berlanga, 2010, p. 3).

---

público de su gestión administrativa. Artículo XVI: Toda sociedad en la que no se garanticen los derechos ni la separación de los poderes, no tiene Constitución; la Constitución es nula si la mayoría de los individuos que componen la Nación no ha contribuido a su redacción. Artículo XVII: Las propiedades son para todos los sexos, unidos o separados; son para cada uno un derecho inviolable y sagrado; nadie puede verse privado de ellas, como verdadero patrimonio de la naturaleza que son, sino porque la necesidad pública, legalmente comprobada, lo exija de modo evidente, y a condición de una previa y justa indemnización.

También es importante destacar los asesinatos racistas y los linchamientos[7] de mujeres afroamericanas, los cuales se institucionalizaron durante los procesos de irreconocimiento de derechos de la población racializada y subalternizada, vale decir, en el periodo segregacionista en los Estados Unidos de Norteamérica. Al respecto Ida B. Wells, en su primera hoja informativa contra el linchamiento publicada en 1895 bajo el título de *A Red Record*, calculó que entre 1865 y 1895 se habían producido más de 10.000 linchamientos[8]; y más tarde en *Rope and faggot*, Walter White (1969) reportó que entre 1882 y 1927 fueron linchados 3513 afroamericanos, de estos, 76 fueron mujeres afroamericanas.

Ahora, si bien es cierto, como apunta Diana Russell (1992), que el linchamiento de afroamericanos a manos de estadounidenses blancos estuvo principalmente motivado por el racismo, no es posible asumir que en cada caso en el que una mujer afroamericana fue linchada constituya un caso de femicidio[9]; también es cierto que una cantidad significativa de mujeres

---

[7] Según Paula Giddings (1984) el linchamiento puede definirse como el asesinato cometido por una turba de tres o más personas.

[8] "La gran mayoría de los asesinatos cometidos por hombres blancos durante los últimos treinta años no ha salido a la luz pública, pero, según las estadísticas recogidas y conservadas por blancos, y que no han sido refutadas, durante estos años más de diez mil negros han sido asesinados a sangre fría sin la formalidad de un proceso judicial y de una ejecución legal" (Wells en Davis, 2004, p. 185).

[9] En efecto, como señala Russell no todos los asesinatos de afroamericanas pueden calificarse como femicidio porque una cantidad importante de los linchamientos perpetrados contra ellas en los Estados Unidos fueron consecuencia del racismo. Algunos de estos se cometieron contra las mujeres afroamericanas por los delitos y crímenes reales o atribuidos a ellas como: robo, atentar contra la propiedad o asesinato -principalmente de hombres o mujeres blancas-, pero también por asociación, es decir, como castigo por los crímenes reales o atribuidos a algún hombre negro miembro de su familia: esposo, padre, hijo o hermano; sin embargo, en la mayoría de los casos, las mujeres afroamericanas fueron víctimas de violación y posteriormente asesinadas, pues, la muerte de la mujer suele contener elementos que la muerte de un hombre no: la sexualización; esto quiere decir que las mujeres son sexualizadas incluso en su muerte. Russell hace la salvedad y afirma que "cuando el linchamiento estuvo acompañado por un acto sexista –por lo general la violación- es claro que estuvo implicada la misoginia con el racismo". No obstante, no podemos perder de vista que, este interés menor de Russell por los femicidios contra las mujeres afroamericanas pudiera estar determinado por las concepciones de la autora sobre la población afroamericana y las sospechas de racismo en su contra señaladas por Angela Davis en su libro *Mujer, raza y clase*. Afirma Davis que: "El libro de Diana Russell *Politics of Rape* refuerza la idea vigente de que el violador típico es un hombre de color o, si es blanco, es un hombre de clase obrera. Su libro, subtitulado *The Victim's Perspective*, se basa en una serie de entrevistas realizadas a víctimas de violación en el área de la bahía de San Francisco. De los 22 casos que recoge, 12 -es decir, más de la mitad- se refieren a mujeres que han sido Violadas por un hombre negro, chicana o indio de América del Norte. Resulta revelador que únicamente en un 26 por 100 de las 95 entrevistas originales que realizó el agresor fuera un hombre de color. Si este cuestionable proceso de selección no es suficiente para levantar profundas sospechas de racismo, no hay más que atender al consejo que brinda a las mujeres blancas: 'Si algunos

negras fueron asesinadas por resistirse a los abusos sexuales de los hombres blancos (Davis, 1981) tras haber sido sexualizadas y violadas[10]; así como, acusadas, condenadas y linchadas tras atreverse a denunciar los procesos de victimización sexual a las que fueron sometidas. Además, como señala Angela Davis en su libro *Mujer, raza y clase*, la violación colectiva y el asesinato de mujeres afroamericanas perpetrado por el Ku Klux Klan y otros grupos de odio organizados en el periodo siguiente a la guerra civil, se convirtió en una categórica arma política para hacer abortar el movimiento de los derechos civiles.

Posteriormente se hizo común el asesinato de niñas y mujeres al protestar por sus derechos políticos, sociales, económicos, laborales[11] y educativos; así como, por demandar el reconocimiento de su derecho a la identidad, al libre desenvolvimiento de la personalidad y de sus preferencias sexo-afectivas. Es decir, se asesinó a las mujeres o a los cuerpos feminizados por cualquier motivo en el cual el sistema patriarcal misógino se permitiera amparar y justificar su deseo de aniquilar la feminidad. Sin embargo, estas acciones no fueron fortuitas:

> Los criminólogos reconocen que a partir del decenio de 1950 se inició una escalada en el aumento de asesinatos en serie (cuando un perpetrador mató a varias víctimas en incidentes separados), lo que constituyó un fenómeno característico del fin del siglo XX en Estados Unidos. Vemos esta escalada de violencia contra las mujeres como parte de la reacción masculina contra el feminismo. Esto no quiere decir que la culpa sea del feminismo: la cultura patriarcal aterroriza a las mujeres, ya sea que luchemos o no. Claro está que cuando se cuestiona la supremacía masculina el terror se intensifica (Caputi y Russell, 2006, p. 60).

---

hombres negros consideran la violación de las mujeres blancas como un acto de venganza o como una expresión justificable de hostilidad hacia los blancos, yo pienso que es igualmente sensato que las mujeres blancas confíen menos en los hombres negros de lo que muchas de ellas lo hacen'".

[10] Un ejemplo de ello es el caso publicado en el *Chicago Defender* el 18 de diciembre de 1915, bajo el titular «Rape, Lynch Negro Mother» [«Violación y linchamiento de madre negra»]: "Columbia, Misisipí, 17 de diciembre: el jueves por la mañana de la semana pasada Cordella Stevenson fue encontrada ahorcada de la rama de un árbol, sin nada de ropa, muerta [...] J. había sido colgada allí la noche anterior por una turba sanguinaria que había ido a su casa, la había arrancado de su sueño y la había arrastrado por las calles sin encontrar ningún tipo de resistencia. La llevaron a un lugar remoto, hicieron sus obscenidades y luego la colgaron" (Davis, 2004, p. 192).

[11] Un ejemplo de ello fue el fatídico episodio del 25 de marzo de 1911, cuando aproximadamente 150 mujeres inmigrantes perecieron en un incendio generado por sus empleadores cuando protestaban por sus derechos laborales; en una sociedad donde la principal mano de obra en la industria textil la constituyeron mujeres y niños, al ser considerados mano de obra barata. Este hecho se conmemora cada 8 de marzo, Día Internacional de la Mujer.

Empero, estas prácticas de condena y sanción social de las mujeres transgresoras no solo ha estado presente en occidente; el desprecio por la condición femenina y el asesinato de mujeres igualmente está significativamente arraigado en oriente. En estas sociedades, como afirma Marielouise Janssen-Jurreit (2006), "las mujeres son el sexo no deseado".

En algunos países donde ser mujer no posee valor social, la noticia de esperar una niña puede desencadenar reacciones diversas en el contexto de la pareja, las cuales oscilan entre: la violencia contra la mujer por la incapacidad de otorgar al hombre el hijo varón esperado, el aborto, el infanticidio o el abandono de la niña después de nacida[12]. Su nacimiento nunca se espera ni se desea, tampoco es una causa de alegría, simplemente ocurre y tienen suerte si no produce lamentaciones; en todo caso, el sentimiento más cercano es el de resignación. Al respecto un pasaje del Corán dice:

> Si un árabe escucha que le ha nacido una hija, la tristeza cubre de negro su rostro; esta noticia lo golpea como un mal ominoso y ya no se deja ver por nadie, y es cuestionable si mantendrá a la hija que para su deshonra le nació o si la enterrará de inmediato (Janssen-Jurreit, 2006, p. 159).

En este contexto el aborto selectivo y el infanticidio femenino se institucionalizaron y extendieron como un mecanismo para superar la "mala jugada del destino", para limpiar la mancha que recayó sobre la familia[13]. De acuerdo a S. H. Venkatramani (2006), en muchas de estas culturas donde el infanticidio esta naturalizado la niña se deja morir por negligencia deliberada de la madre, pero también -como en el caso de los Kallar en India-, es un deber de la madre matar a la hija no deseada como una forma de compensar a su

---

[12] Algunas de estas prácticas se profundizaron en China cuando se introdujo en 1979 la política de un solo hijo. La controvertida medida fue impuesta en el país con el objetivo de reducir la tasa de natalidad, frenar el crecimiento de la población y estuvo acompañada de incentivos financieros y de empleo para quienes cumplieran con ella, la ampliación del acceso a los anticonceptivos y el establecimiento de multas para quienes violaran las reglas. No obstante, también se implementaron otras medidas coercitivas como abortos forzados y esterilizaciones masivas, las cuales constituyeron una violación a los derechos humanos y reproductivos. Esta política condenó al ostracismo y a la muerte a millones de niñas, a la cual se le puso fin apenas durante el año 2015.

[13] Por este motivo en la India desde 1996 existe una ley que prohíbe las pruebas de determinación de sexo del bebé para evitar los abortos selectivos, sin embargo, un estudio de la Universidad Sueca de Lund develó que el feticidio y los asesinatos causan cada año la desaparición de 2,5 millones de niñas. Por su parte, UNICEF denunció que la cifra alcanzó las 50 millones de desaparecidas durante el siglo XX, pues en esta sociedad se ha naturalizado el asesinato de las niñas principalmente a manos de sus padres, razón por la cual una de cada seis niñas no llega a los 15 años, y de los 12 millones que nacen cada año un millón mueren antes de los 12 meses.

esposo por no haberle dado un hijo. Respecto a las formas en que se ejecuta el crimen estas son muy diversas, por ejemplo:

> Las parteras Bedees matan a la niña, ya sea por estrangulamiento o dejándola sobre el piso expuesta al aire frio, o la matan de inmediato retacándole la boca con estiércol de vaca o ahogándola en leche de vaca. En Guajarat se quema vivas a las bebés. Colocan sus cuerpos en un recipiente de cerámica cuya abertura cubren con una pasta hecha de estiércol, y a las niñas les dan una pequeña pastilla de opio que les causa la muerte después de unas horas. En muchos casos la madre queda condenada a matar a su propia hija, se unta el pezón con ungüento de opio y deja que la niña lo chupe hasta que muere (Janssen-Jurreit, 2006, p. 158-159).

En la India –como en la mayor parte del mundo- la vida de las mujeres no posee valor, con excepción de aquel determinado por la dote matrimonial, por esa razón, con frecuencia el marido de una mujer y sus suegros participan en su asesinato al no estar satisfechos con el monto de la dote que recibieron por ella de parte de sus padres (Russell, 2006).

Aunado a ello, la subvaloración de la mujer y su consideración como propiedad del hombre también llevó a la institucionalización del sacrificio de viudas[14], de tal forma que, como destaca Dorothy Stein (2006), desde el siglo IV (a. e. c.)[15] se hizo común la práctica del *Suti* (cremar a la esposa aún viva sobre la pira funeraria que consumía el cuerpo del esposo o enterrarla viva con su esposo difunto); pero esta práctica no solo estuvo reservada al vínculo marital, sino que también se ejecutó ante la muerte de otro hombre del grupo familiar como los hijos. Esta costumbre otorgó prestigio a la mujer sacrificada, el cual además se utilizó como mecanismo de coacción para su sometimiento, so pena de repudio ante su negativa[16]:

---

[14] Es importante que estas consideraciones no generen estereotipos sobre determinadas culturas, al respecto es importante tener en cuenta que, como señala Dorothy Stein en su ensayo *Mujeres a la hoguera: El Suti como una institución normativa*, también hay evidencias del sacrificio de viudas entre los escandinavos, eslavos, griegos, egipcios, chinos, finlandeses, maoris y algunos grupos indígenas estadounidenses.

[15] En el texto para evitar las connotaciones de carácter religioso se hará uso de las expresiones Antes de la Era Común (a. e. c.) y Era Común (e. c.).

[16] En diversos países del continente asiático -principalmente en la India-, al no contar con leyes que garanticen sus derechos y protección, combinado con las particularidades culturales en las que varía su valoración social, ser viuda implica una de las situaciones más traumáticas para las mujeres. En estos casos al haber sido su lugar social otorgado por el hombre, la ausencia de este va a suponer que muchas mujeres pierden el respeto social, la posición que ocupaban y el patrimonio; siendo reducidas a condiciones de pobreza, violencia, falta de vivienda, enfermedades, abandono familiar, aislamiento y repudio social, así como situaciones extremas como el asesinato, al considerar que las viudas están malditas o se las asocia con la brujería. En algunos casos para volver a obtener algún grado de estatus social se espera que las

Ocasionalmente una madre murió en la pira de su hijo y se consideró que ésa era la forma más elevada de suti; muy de vez en cuando una hermana murió en la pira de su hermano. En la forma más común de la ceremonia se pedía que la propia viuda o su hijo mayor encendiera la pira. En su camino a la pira, la viuda era objeto (por primera vez) de atención pública. Distribuía dinero y joyas entre la muchedumbre (Stein, 2006, p. 145).

Estos hechos en su conjunto ponen en evidencia que, con independencia de las diferencias y particularidades culturales, en cualquier parte del mundo, ser mujer, en una sociedad patriarcal, sexista, misógina, androcéntrica y falocéntrica, ha sido en el pasado y en la actualidad, sin lugar a dudas una condición de riesgo (Pineda, 2017). Los hombres durante siglos han sido socializados desde la permisividad y la promoción de la violencia, para la apropiación de todo aquello que se erige ante sus ojos y desea poseer, para la construcción y subordinación de otredades y, por tanto, socializados también para la victimización y aniquilación de las mujeres que se oponen a su mandato.

---

viudas se casen con uno de los parientes de su esposo -a veces contra su voluntad-; en otros la posición social no puede recuperarse por lo que las mujeres se encuentran condenadas a vivir con el estigma y la vergüenza de la viudez, sometidas a condiciones de pauperismo por las limitaciones de acceso al trabajo, situación de calle e incluso la prostitución. En otros casos las mujeres son confinadas en templos religiosos donde su única opción es sobrevivir con las limosnas que puedan recibir.

¿Femicidio, feminicidio o femigenocidio?

El término femicidio según Diana Russell (2001) ha estado presente y en uso desde hace casi dos siglos. Fue utilizado por primera vez en 1801 en *A Satirical View of London at the Commencement ofthe Nineteenth Century* para denominar el asesinato de una mujer, en 1827 la palabra fue empleada por William MacNish (el perpetrador de un femicidio) en su libro *The Confessions of an Unexecuted Femicide*, y más tarde en 1848 apareció en el *Law Lexicón de Wharton*, sugiriendo que se había convertido en un delito punible.

En el año 1976 Diana Russell recurrió a la expresión cuando testificó sobre dicho crimen en el Tribunal Internacional de Crímenes contra Mujeres en Bruselas, sin embargo, como ella misma afirmaría, para ese momento no proporcionó una definición explícita de este concepto. No sería hasta 1990 cuando Jane Caputi y Diana Russel definieron el femicidio de manera inédita como "el asesinato de mujeres realizado por hombres motivado por odio, desprecio, placer o un sentido de propiedad de las mujeres".

En 1992 se publicó el libro *Femicide. The politics of woman killing (Feminicidio. La política del asesinato de las mujeres)* de Diana Russell y Jill Radford. En esta época las autoras tomaron la iniciativa de escribir sobre este tema porque consideraron que hasta el momento había sido sistemática y repetidamente desatendido por las feministas en relación a otras formas de violencia como: la violencia verbal, psicológica, física y principalmente sexual.

Las discusiones feministas sobre el femicidio han estado limitadas en comparación con la discusión de otras formas de violencia sexual. Este descuido resulta particularmente inquietante, debido a la extensa cobertura que los medios de comunicación hacen de la muerte de mujeres a manos de hombres, incluido el creciente número de asesinatos en serie. Muchas feministas aún consideran que la violación es la forma más extrema de violencia sexual. (...) El femicidio aún no queda firmemente ubicado en la agenda feminista (Radford, 2006, p. 36).

Esta indiferencia feminista ante el femicidio llevó a Radford y Russell a definirlo en el referido texto como "el asesinato misógino de mujeres por hombres"; el cual, según estas, tiene diversas manifestaciones, entre las que es posible mencionar:

a. El feminicidio racista: cuando mujeres negras son asesinadas por hombres blancos.

b. El feminicidio homófobo: sucede cuando las lesbianas son asesinadas por hombres heterosexuales.

c. El feminicidio marital: que se da cuando las mujeres son asesinadas por sus esposos.

d. El feminicidio fuera del hogar: cuando es cometido por un extraño.

e. El feminicidio en serie.

f. El feminicidio masivo.

Así mismo, las autoras reconocen como femicidios la transmisión deliberada del virus del VIH por parte de hombres violadores, al igual que las muertes de mujeres como resultado de actitudes misóginas o de prácticas sociales, por ejemplo, abortos mal practicados como consecuencia del irreconocimiento del derecho de las mujeres a controlar su fertilidad. Ulteriormente, Diana Russell en un ensayo en coautoría con Jane Caputi profundizaría sobre este asunto afirmando que:

> El feminicidio es el extremo de un continuo de terror anti femenino que incluye una gran cantidad de formas de abuso verbal y físico: como violación, tortura, esclavitud sexual (particularmente en la prostitución), incesto y abuso sexual infantil extra familiar, maltrato físico y emocional, hostigamiento sexual (por teléfono, en las calles, en la oficina y en el salón de clases), mutilación genital (clitoridectomía, escisión, infabulación), operaciones ginecológicas innecesarias (histerectomías gratuitas), heterosexualidad forzada, esterilización forzada, maternidad forzada (mediante la criminalización de los anticonceptivos y el aborto), psicocirugía, negación de alimentos a las mujeres en algunas culturas, cirugía cosmética y otras mutilaciones en nombre de la belleza.

Siempre que estas formas de terrorismo resulten en la muerte son femicidios (Caputi y Russell, 2006, p. 57-58).

Posteriormente Diana Russell, en su ensayo titulado *Femicidio por arma de fuego: un año de crímenes de odio mortales en Estados Unidos*, definiría el femicidio como "el asesinato de mujeres por hombres porque son mujeres", es decir, como crímenes genéricos de odio. Además, en este texto la autora presentó claros ejemplos de motivaciones sexistas de asesinatos de mujeres por hombres que califican como femicidios, entre estas es posible mencionar:

a. Los asesinatos de mujeres por sus esposos, amantes y novios. Estos femicidios son motivados por la percepción que tienen los hombres de que las mujeres les pertenecen, porque las perciben como su inferior, porque creen que ellas no tienen derecho a iniciar el fin de su relación o varias de estas causas a la vez. Estos hombres creen que están autorizados para usar la violencia contra su compañera como un medio para controlarlas o disciplinarlas, o como una expresión de celos hacia ellas, incluyendo la violencia mortal.

b. Los asesinatos sexuales o relacionados con el sexo. Por ejemplo, cuando los hombres matan a las mujeres que se desempeñan como prostitutas porque las ven como "mujeres malas", cuando hombres matan a mujeres porque son necrófilos, porque se enfurecen cuando una mujer rechaza su proposición sexual (algunos acosadores); cuando los hombres se excitan sexualmente por representaciones de asesinatos sexuales (asesinos en serie, violadores/asesinos, etc.); cuando los hombres desvalorizan tanto a las mujeres que se sienten autorizados a expresar su misoginia sádica matándolas; o cuando los hombres son motivados a representar torturas sexuales y asesinatos para lograr ganancias monetarias (por ejemplo hacer películas *snuff*).

c. Los asesinos en masa (casi todos son hombres), cuyo objetivo son mujeres. Muchos quieren matar a una mujer específica entre aquellas que tienen como objetivo -comúnmente una novia, amante, esposa o "enamorada" que los rechazó, o con quien tienen riñas, o una mujer a la que quieren impresionar-. Otros asesinos en serie que no tienen específicamente como objetivo a las mujeres pueden, sin embargo, estar motivados por rabia y venganza hacia una mujer en particular.

d. Los familicidios perpetrados por hombres están frecuentemente motivados también por la cólera de un hombre, deseo de venganza o sentimiento de propiedad, por ejemplo, cuando un hombre asesina a su esposa, hijos, u otras parientes o amigas para castigar a su esposa por sospecha de infidelidad o infidelidad real.

En 1992 la activista feminista Asja Armanda fue la primera persona que denominó femicidio a las extendidas y fatales atrocidades sexuales que fueron perpetradas por los hombres serbios en contra de las mujeres croatas en Bosnia-Herzegovina durante la guerra civil en dicha región. A ella le seguiría Catharine MacKinnon, quien, durante 1993 y 1994 como abogada de algunas mujeres sobrevivientes de dichos crímenes, decidiera presentar cargos contra los perpetradores en una corte de Nueva York:

> En un alegato innovador, presentó cargos contra ellos por prácticas tanto genocidas como femicidas. Considerar el femicidio como un crimen distinto y separado del genocidio hizo posible que MacKinnon incluyera crímenes específicos en contra de las mujeres víctimas en Croacia y Bosnia- Herzegovina (Russell, 2006, p. 68).

Pero, pese a los esfuerzos de conceptualización, politización y judicialización, el término siguió siendo poco utilizado, poco conocido, pero sobre todo, poco comprendido. En el libro *Femicide in global perspective* (*Femicidio: una perspectiva global*) publicado en 2001, Diana Russell insistiría una vez más en que el femicidio ha sido tradicionalmente ignorado por las feministas académicas:

> El rechazo académico del femicidio por parte de las feministas se revela en el hecho de que sólo una fracción de las autoras feministas de libros y artículos sobre violencia contra las mujeres mencionan siquiera el problema de la matanza de mujeres, y son aún menos las que utilizan el término femicidio para describir estos asesinatos (Russell, 2006, p.65).

Diana Russell, quien introdujo el concepto de femicidio al mundo de las ciencias sociales y los estudios de género, afirmaría sin miramientos que para esa época la mayoría de las feministas no eran capaces de reconocer o identificar la dimensión política y sexista de dichos crímenes, no solo en un nivel académico, sino también desde los movimientos de mujeres y el activismo:

> Desafortunadamente, muchas feministas, incluidas activistas contra la violencia hacia las mujeres, tampoco reconocen las políticas sexuales del femicidio.

> De las muchas manifestaciones y marchas contra la violencia hacia las mujeres en las cuales he participado, sólo en dos o tres se ha incluido al femicidio o al asesinato de mujeres en los cantos y las consignas. Dado que muchas feministas ignoran el femicidio, difícilmente puede sorprendernos que las no feministas fallen en reconocer la naturaleza política de la mayoría de los asesinatos de mujeres (Russell, 2006, p. 64).

En relación con ello, consideró que el uso infrecuente del término femicidio por parte de las feministas, es decir, su negativa a develar las particularidades y especificidades sexistas y misóginas de este tipo de crímenes, de posicionar esta categoría en los diferentes espacios en los que hacen vida, así como, su renuencia a denunciar el femicidio en los medios de comunicación a los que acuden y participan "es la razón más importante por la cual el feminicidio permanece como la forma más desatendida de violencia contra las mujeres" (Russell, 2006, p. 64).

Pero este rechazo del movimiento a hablar sobre un fenómeno de gran trascendencia como el femicidio, según Russell y Radford, no solo radica en el desconocimiento de la categoría, en la incapacidad de desarrollarla y profundizar en ella o en desinterés político; se sustenta sobre todo en los proyectos individuales, o sea, en el temor a perder la credibilidad, a sobreexponerse o convertirse en objeto de críticas y ataques, por eso: "las mujeres que han hablado tienen que reflexionar mucho sobre el impacto que sus palabras provocan en las personas cercanas a la mujer asesinada. También existe el riesgo de enfrentar la acusación de capitalizar políticamente el luto" (Russell y Radford, 2006, p. 36).

En 1996 Desmond Ellis y Walter DeKeseredy también cobraron interés por esta problemática y definieron el femicidio como el asesinato intencional de mujeres por varones. Estos autores reportaron que las feministas hindúes del sudeste asiático usaban el término femicidio para referirse al asesinato intencional de mujeres por hombres y de mujeres por otras mujeres por intereses de hombres. Además, las feministas hindúes diferenciaban tres tipos de asesinatos femicidas perpetrados por mujeres: "asesinatos parentales por negligencia, asesinatos como consecuencia del descubrimiento del sexo (de los hijos), y asesinato por marido/suegro/suegra por gasto" (Russell, 2006, p. 80).

No obstante, en 1998 Jacquelyn Campbell y Carol Runyan, arbitrariamente y sin que hubiese una justificación razonable para ello, redefinieron el término femicidio como "todos los asesinatos de mujeres, sin importar el motivo o la situación del perpetrador". Tergiversaron el concepto, lo despolitizaron y, de este modo, introdujeron la confusión en torno a esta palabra, a lo cual le seguiría una cadena de interpretaciones equívocas y erráticas sobre el femicidio que se mantiene hasta la actualidad. Russell reaccionaria enérgicamente ante este hecho, denunciado cómo algunos investigadores y académicos se estaban apropiando de un término que introdujo para visibilizar los asesinatos sexistas y misóginos de las mujeres; el cual estaba siendo reducido y desprovisto de su carácter político al obviar la motivación del perpetrador y considerarlo simplemente como "asesinato de mujeres".

Estos autores no desarrollaron el término ni lo argumentaron en relación con la amplia sustentación por parte de las autoras que lo consideran como un crimen misógino y sexista; pese a ello, esta definición despolitizada logró calar en los diferentes ámbitos de sociabilidad, erigiéndose como el termino más empleado y reproducido por los medios de comunicación, investigadores, estadistas, instituciones del Estado, operadores de justicia y los distintos agentes involucrados en la investigación, prevención, atención o sanción de este delito. Esta situación ha generado confusiones y equívocos en su tratamiento, pero también ha tenido consecuencias en la generación de cifras imprecisas y poco confiables respecto a este fenómeno[1].

En el año 2006 con la edición en español de los libros *Feminicidio: La política del asesinato de las mujeres* de Diana Russell y Jill Radford, así como, del libro *Feminicidio: una perspectiva global* de Diana Russell y Roberta Harmes, se profundizaron y masificaron estas inexactitudes y confusiones respecto a la categoría femicidio. Marcela Lagarde, la académica y política mexicana que coordinó y presentó la edición en español de estos textos, convenció a Diana Russell de traducir-sustituir el termino *femicide* (femicidio) por feminicidio, dado que, según Lagarde, *femicide* en español solo era la feminización de la palabra homicidio, por lo cual, una traducción literal del término contribuiría a despolitizar y desgenerizar el término introducido y desarrollado por estas autoras[2].

En mi intervención expliqué por qué al traducir el término no lo hice como femicidio, sino como feminicidio. En español, femicidio puede ser sólo interpretado como el término femenino de homicidio; es decir, como un concepto que especifica el sexo de las víctimas. Mi intención fue aclarar, desde el término mismo, feminicidio, que no se trata sólo de la descripción de crímenes que

---

[1] Pero esta acción no es azarosa, devela una estructurada estrategia por parte del poder dominante —en este caso patriarcal- para desmovilizar un proceso de interpretación sobre la letalidad de las desigualdades por razones de género. Este poder dominante según Terry Eagleton (1997) habrá de legitimarse: a) Promocionando creencias y valores afines a él; b) naturalizando y universalizando tales creencias para hacerlas evidentes y aparentemente inevitables; c) denigrando ideas que puedan desafiarlo; d) excluyendo formas contrarias de pensamiento; e) oscureciendo la realidad social de modo conveniente a sí misma.

[2] Marcela Lagarde, presentación a la edición en español del libro *Feminicidio. La política del asesinato de las mujeres*, página 17.

cometen homicidas contra niñas y mujeres, sino de la construcción social de estos crímenes de odio, culminación de la violencia de género contra las mujeres, así como de la impunidad que los configura (Lagarde, 2006, p. 12).

Esta explicación bastó para convencer a Diana Russell, ya que, como ella misma afirmó en un texto titulado: *The origin and importance of the term femicide* publicado en su web en el año 2011:

> Lagarde específicamente me pidió permiso para traducir mi término femicidio en feminicidio. También solicitó mi permiso para organizar las traducciones al español de mis dos libros coeditados sobre femicidio, el segundo de los cuales fue publicado en 2001, y que se titula *Femicidio en perspectiva mundial*. Estuve encantada en ese momento para otorgarle las peticiones a Lagarde (Russell, 2011, sp).

Empero, la modificación de la palabra *femicide* durante su traducción era innecesaria, puesto que el desarrollo de la categoría por parte de sus autoras pioneras explicitaba de forma clara y pedagógica el carácter y contenido del término; por lo cual, con independencia del significado literal que este pudiera tener en español, la definición y desarrollo del mismo permitía al lector aclarar cualquier duda surgida. Desde mi perspectiva, esta alteración de la categoría por parte de Lagarde no perseguía -como en el caso de Jacquelyn Campbell y Carol Runyan (1998)- un afán de despolitización y desmovilización de sus alcances; pero tampoco es posible considerar la introducción de este término como un simple ejercicio de castellanización.

Es presumible que, con la referida traducción, Marcela Lagarde pretendía el desarrollo de una categoría "paralela" que pudiera atribuírsele y que le permitiera escalar en el ámbito académico y mediático latinoamericano. Esta hipótesis no parece descabellada pues, en el segundo texto de Diana Russell editado por Lagarde, rápidamente se tomaría atribuciones adicionales a la estricta traducción, pasando a afirmar que:

> La categoría feminicidio es parte del bagaje teórico feminista. **La desarrollé**[3] a partir del trabajo de Diana Russell y Jill Radford expuesto en su texto *Femicide. The politics of woman killing.* (...) preferí la voz feminicidio para denominar así el conjunto de delitos de lesa humanidad que contienen los crímenes, los secuestros y las desapariciones de niñas y mujeres en un cuadro de colapso institucional. Se trata de una fractura del Estado de derecho que favorece la impunidad. El feminicidio es un crimen de Estado (Lagarde, 2006, p. 19-20).

---

[3] Destacado propio.

Ahora bien, aunque esta definición de Lagarde y el empleo de una categoría inicialmente traducida de femicidio a feminicidio aparentemente aspiraba a evitar confusiones, generó casi automáticamente el efecto indeseado. Rápia damente el termino feminicidio invadió el contexto latinoamericano, empezó a ser utilizado no solo por las feministas académicas y los movimientos militantes de mujeres, sino también por los medios de comunicación, instituciones del Estado, organizaciones no gubernamentales o sin fines de lucro, así como por distintos profesionales y activistas vinculados a los derechos de las mujeres.

Pero el problema no radica en que el término "feminicidio" comenzara a ganar visibilidad, sino que dio paso a la compresión de la categoría "femicidio" simplemente como el asesinato de mujeres o la muerte violenta de mujeres, sin explicitar sus razones de género; por lo cual, se empezó a emplear el término "feminicidio" únicamente para aquellos que hacían referencia a los que tenían motivaciones sexistas. Dicho de otra manera, la incorporación del término feminicidio por parte de Marcela Lagarde, y su posterior dotación de otros significados a los inicialmente previstos, contribuyó a despolitizar y desgenerizar la categoría femicidio introducida en la década de los 70 por Diana Russell, y desarrollada por esta junto a autoras como Jane Caputi y Jill Radford.

Esta traducción equívoca e inexacta del término femicidio en América Latina, aunado al empleo indiscriminado de los términos "femicidio" y "feminicidio", ha generado la contabilización errónea de los crímenes, la producción de estadísticas imprecisas, el tratamiento mediático inadecuado de los casos y la denominación diferenciada de la normativa jurídica en los distintos países de la región; estos hechos en su conjunto han limitado la comprensión y actuación ante el fenómeno, situación que persiste aún en la actualidad. Ante el caos suscitado, Lagarde ha intentado paliar los efectos negativos de la introducción -nada casual- del término, afirmando:

> Cuando traduje el texto de Diana Russell, me tomé la libertad de modificar el concepto, ella lo llama femicide y entonces yo lo traduje desde hace ya varios años como feminicidio, precisamente para que no fuera a confundirse en castellano como femicidio u homicidio femenino; no, yo quería que fuera un concepto claro, distinto, para que entonces viniera junto con todo el contenido del concepto, que es, como ya lo expliqué, muy complejo. (…) Esto lo digo para que estén tranquilas las que no saben si se dice femicidio o feminicidio, y que no tenemos que ubicarnos de un lado o de otro, definamos las cosas y hagamos referencia a sus autoras (Lagarde, 2006, p. 221).

El daño ya estaba hecho, pese a los intentos infructuosos de Marcela Lagarde por aclarar o trivializar la confusión que introdujo, esta se convirtió en una avalancha que no pudo detenerse. En adelante las feministas hemos tenido que dedicarnos a intentar entender las diferencias y similitudes entre femicidio y feminicidio; pero sobre todo, a esclarecer en los diferentes espacios de sociabilidad, investigación, acción e intervención política, que no todos los homicidios de mujeres son femicidios[4], y que, aunque el femicidio implica siempre el homicidio de una mujer, este difiere en sus motivaciones, contextos y perpetradores.

Este hecho no solo generaría desconcierto y malestar en individualidades, investigadoras y activistas feministas, sino también en la propia Diana Russell. Esta, tras observar cómo se fue consolidando el concepto de "feminicidio" de acuerdo a la versión de Lagarde, dio claras muestras de reticencia, específicamente en el artículo titulado *The origin and importance of the term femicide*, publicado en el año 2011 en su web; allí Russell arremetió contra Lagarde, criticó fuertemente el uso y tergiversación de la categoría femicidio, y al mismo tiempo explicó que:

> En 2005, Lagarde decidió cambiar su definición de feminicidio. Debido a que prácticamente todos los feminicidios perpetrados en Juárez fueron, y aún son, tratados con impunidad por el gobierno y la policía mexicanos, ella agregó este factor a su definición. Si bien Lagarde ciertamente tiene razón sobre el tema de la impunidad, soy crítica con que ella agregue este factor a su definición de feminicidio. ¿Por qué? te estarás preguntando. Aquí están mis principales razones:
>
> a. Porque significa que en los casos en que los perpetradores de feminicidios son arrestados y encarcelados, estos crímenes ya no se consideran feminicidios.
>
> b. Porque si bien esta impunidad también puede ser común en muchos otros países, este no es siempre el caso. Muchos feminicidios en los Estados Unidos e Inglaterra, por ejemplo, son procesados, y muchos de los perpetradores son sentenciados y encarcelados. Es

---

[4] Esta problemática no solo se presenta en el contexto de las interacciones cotidianas, las prácticas profesionales, el tratamiento de los medios de comunicación o el ejercicio de las funciones del Estado, sino que, también ha alcanzado a los organismos internacionales. Por ejemplo la Comisión Interamericana de Derechos Humanos (CIDH) utiliza el término feminicidio desde el año 2007, mientras que el Comité de Expertas/os (CEVI) del Mecanismo de Seguimiento de la Implementación de la Convención Interamericana para Prevenir, Sancionar y Erradicar la Violencia Contra la Mujer, "Convención de Belém do Pará" (MESECVI) le denomina femicidio.

preferible definir el femicidio o el feminicidio de una manera que se pueda usar globalmente.

c. No me gusta usar un término que se asemeje al concepto opresivo feminidad. Si bien esta crítica solo puede aplicarse a los hablantes de inglés, esto incluye numerosos individuos en el mundo, incluidos aquellos para quienes es un segundo idioma.

d. El desafortunado hecho de que se han desarrollado intensos conflictos entre muchas de las feministas en América Latina que han adoptado el término feminicidio y aquellas que han adoptado el término femicidio. Por ejemplo, cuando pronuncié varios discursos en una conferencia sobre el feminicidio en El Salvador en 2008, después de que el director me jurara que su organización utilizaba mi definición de femicidio, posteriormente supe que los miembros de otras organizaciones en este país que usaban el término feminicidio habían sido invitados a asistir, y los miembros de otras organizaciones que usaban el término femicidio no habían sido invitados. Esta experiencia destaca cómo la solidaridad que idealmente debería existir entre las feministas que luchan contra los mismos asesinatos misóginos de mujeres ha sido destruida por la competencia que se ha desarrollado en América Latina entre las feministas que han optado por utilizar uno u otro de estos términos. (Russell, 2011, sp).

De acuerdo a ello, revela Russell que:

> Desde esta experiencia decepcionante, me angustié cuando se usa el término feminicidio en lugar de femicidio. Y me angustio aún más cuando Lagarde dice que ella hizo el término. [Pero] si [yo] no hubiera utilizado y diseminado el término femicidio hablando y publicando libros sobre él, ¡no habría tal término, incluido el feminicidio! (Russell, 2011, sp)[5].

Ahora, aunque mantengo la crítica y desacuerdo con Lagarde por la introducción de un término que ha generado equívocos, discrepancias, confusiones y conflictos, vale la pena rescatar algunos elementos desarrollados por esta. Por ejemplo, la idea de que el feminicidio es un crimen de Estado, cuando el asesinato o la muerte de niñas y mujeres se producen como

---

[5] Ante estos señalamientos Marcela Lagarde no se ha pronunciado, sin embargo, continúa liderando la opinión publica en América Latina en cuanto a lo que refiere el "feminicidio", y sigue siendo reseñada como quien acuñó el término.

consecuencia del silencio, la indiferencia, la permisividad y la impunidad del Estado garante de sus derechos.

De acuerdo a Marcela Lagarde (2008) en su ensayo *Violencia feminicida y derechos humanos de las mujeres*, para que ocurra el feminicidio es necesaria la convergencia del silencio, la omisión, la negligencia y la colusión parcial o total de las autoridades encargadas de prevenir y erradicar estos crímenes; es decir, el Estado y sus instituciones se convierten en feminicidas cuando:

a. No dan las suficientes garantías a las niñas y las mujeres.

b. No crea condiciones de seguridad que garanticen sus vidas en la comunidad, en la casa, ni en los espacios de trabajo, de tránsito o de esparcimiento.

c. Cuando las autoridades no realizan con eficiencia sus funciones.

d. Cuando el Estado es parte estructural del problema por su signo patriarcal y por su preservación de dicho orden.

Esta definición de Lagarde fue seguida por Julia Monárrez (2005), para quien el feminicidio comprende toda una progresión de actos violentos que van desde el maltrato emocional, psicológico, los golpes, los insultos, la tortura, la violación, la prostitución, el acoso sexual, el abuso infantil, el infanticidio de niñas, las mutilaciones genitales, la violencia doméstica, y toda política que derive en la muerte de las mujeres, tolerada por el Estado; y posteriormente respaldada por Lucia Melgar (2008), para quien el feminicidio supone el asesinato de mujeres por el hecho de ser mujeres, pero también denota asesinatos precedidos de secuestro, tortura y mutilación y seguidos de posvictimización.

Hasta ese momento la diatriba sobre el femicidio y el feminicidio parecía haberse quedado allí, no habían indicios de que esta avanzara más allá de las reiteradas discusiones sobre: 1) retomar el término original "femicidio" desarrollado por Diana Russell, Jane Caputi y Jill Radford. 2) Apegarse al término propuesto por Lagarde en América Latina "feminicidio" y utilizar el término anglosajón "femicidio" de forma despolitizada. 3) Continuar utilizando de manera indistinta ambas expresiones. En medio de esas discusiones e interrogantes irrumpe en el año 2012 la antropóloga argentina Rita Segato, con la propuesta de una nueva categoría, en esta oportunidad, denominada femigenocidio.

Afirma Rita Segato en su ensayo titulado *Femigenocidio y feminicidio: una propuesta de tipificación*, que la prensa y la opinión pública latinoamericana ya ha adoptado el término feminicidio –o, indistintamente, femicidio– para referirse a todos los tipos de asesinatos de mujeres, e incluso, algunas leyes de Estados Nacionales ya adoptaron el término feminicidio o femicidio o violencia feminicida para referirse a los asesinatos de mujeres por motivos misóginos, es decir, como resultado de las relaciones de género, tanto en el contexto de las relaciones interpersonales como en contextos de absoluta impersonalidad. No obstante, para la autora, esta indistinción de los diferentes tipos de agresión con intención letal dirigida a las mujeres tiene importantes consecuencias, entre estas es posible mencionar:

a. No permite contar con datos claros sobre este tipo de crímenes.

b. No permite contar con categorías jurídicas precisas al respecto de los mismos.

c. Genera confusiones en la aplicación de los protocolos de investigación policial y pericial.

d. Fomenta y refuerza la privatización de todos los crímenes donde el abuso sexual es uno de los instrumentos de agresión.

La lectura del texto de Segato permite interpretar que se muestra en desacuerdo con que la categoría femicidio abarque todos los tipos de crímenes letales fundados en el género como pretendía agruparlo Diana Russell; pero por otra parte, también se muestra inconforme de considerar solo como responsables de los femicidios a los particulares y al Estado como lo plantea Marcela Lagarde en su definición de feminicidio.

Muchas feministas –en especial en México, donde primero surgió el problema– defienden la unificación de los casos para respaldar una Política de Género contra el feminicidio, entendido como un conjunto de todos los tipos de homicidios de mujeres, consecuencia de la opresión general del patriarcado. En mi caso, afirmo la importancia de una tipificación de los diferentes crímenes de mujeres y estoy convencida de que solamente un fuerte énfasis en su diferenciación interna permitirá crear estrategias específicas de investigación policial capaces de llevarnos hasta los perpetradores por caminos más adecuados para cada tipo de caso y generar un cuadro general más acabado de la realidad de los crímenes de género en cada región (Segato, 2006, p. 10).

Al respecto, según Segato pueden y deben distinguirse dos tipos de acciones letales dirigidas contra las mujeres y motivadas por su género, entre estas:

a. La que puede ser referida a relaciones interpersonales –violencia doméstica– o a la personalidad del agresor –crímenes seriales–; y

b. Las que tienen características no personalizables –destrucción del cuerpo de las mujeres del bando enemigo en la escena bélica informal de las guerras contemporáneas, y en la trata–.

Para Segato, las legislaciones existentes en América Latina, ya sea que le denominen "femicidio" o "feminicidio", incluyen o tipifican el primer tipo de asesinatos –interpersonales-, sin embargo, los segundos –no personalizables-, carecen de tipificación y por tanto de actuaciones específicas. Ante este hecho propuso en el año 2010 elevar la categoría feminicidio al rango equivalente de "genocidio"[6].

Esta propuesta cobraría más fuerza y sería progresivamente perfeccionada por Segato, pero no fue sino hasta el año 2012 que introduce el término femigenocidio[7] para denominar exclusivamente aquellos asesinatos de mujeres fundamentados en el género, que poseen una naturaleza impersonal y que tienen por objetivo específico "la destrucción de las mujeres (y los hombres feminizados) solamente por ser mujeres y sin posibilidad de personalizar o individualizar ni el móvil de la autoría ni la relación entre perpetrador y víctima" (Segato, 2012, sp)[8].

---

[6] La Convención para la Prevención y la Sanción del Delito de Genocidio, adoptada por la Asamblea General de las Naciones Unidas en 1948 y entrada en vigor 1951, define el genocidio como cualquiera de los actos mencionados a continuación, perpetrados con la intención de destruir, total o parcialmente a un grupo nacional, étnico, racial o religioso, como tal: a) matanza de miembros del grupo; b) lesión grave a la integridad física o mental de los miembros del grupo; c) sometimiento intencional del grupo a condiciones de existencia que hayan de acarrear su destrucción física, total o parcial; d) medidas destinadas a impedir los nacimientos en el seno del grupo; e) traslado por fuerza de niños del grupo a otro grupo. La Convención confirma que el genocidio, ya sea cometido en tiempo de paz o en tiempo de guerra, es un delito de derecho internacional que las partes en la Convención se comprometen "a prevenir y a sancionar".

[7] Segato introduce la partícula "geno" para denominar aquellos crímenes que se dirigen, con su letalidad, a la mujer como *genus*, es decir, como género, en condiciones de impersonalidad.

[8] Rita Segato no ha sido la única, ni tampoco la primera en tratar de conceptualizar este fenómeno y de otorgarle el rango de genocidio, no obstante, es posible señalar que es quien de forma más sistemática y específica lo ha hecho. En 1976 Andrea Dworkin definió el genocidio como "la mutilación, violación y/o asesinato de mujeres por hombres... la violencia perpetrada por el género masculino contra el género femenino". Más tarde, en 1987, Mary Daly y Jane Caputi utilizan la palabra ginocidio para aplicarla a las medidas intencionales que persiguen causar la destrucción de las mujeres en una población específica. De acuerdo a ello, ginocidio

Estos crímenes, afirma, revisten una sistematicidad y un carácter repetitivo resultantes de normas compartidas dentro de la facción armada que los perpetra, que los diferencia de los crímenes que ocurren en contextos interpersonales o de motivaciones subjetivas y de orden privado, como en el caso de los seriales. Estos asesinatos genéricos, según Segato (2010), se desarrollan en el contexto público de las nuevas formas bélicas[9], perpetrados en la mayoría de los casos por facciones, bandos, maras, pandillas, grupos tribales, mafias y fuerzas para-estatales y estatales de varios tipos. Estos, a través de agresiones sexualizadas, afirman en el cuerpo de las mujeres la letalidad de las facciones antagónicas; pero también se realizan en el contexto de la "superposición precisa entre la hermandad masculina y la hermandad mafiosa, de forma amplia", en la que participan:

> [No solo] los sicarios o jóvenes marginales violentos de extracción pobre, sino a todo el grupo de cofrades, muchos de ellos de las clases privilegiadas, que de alguna forma participan en las ganancias y ventajas de la variedad de crímenes de tráfico e influencia (Segato, 2006, p. 7).

---

es: "El intento fundamental del patriarcado global: la destrucción planeada, institucionalizada espiritual y corporalmente, de las mujeres; el uso deliberado de medidas sistemáticas (como asesinato, heridas corporales o mentales, condiciones de vida insoportables, prevención de nacimientos), que están encaminadas a la destrucción de las mujeres como fuerza política y cultural, la erradicación de la religión y el lenguaje biológico ¡femenino, y con el fin último de exterminar a la Raza de las Mujeres y a todo ser elemental" (Daly y Caputi en Russell, 2006, p. 90). Por su parte, Russell (2001) define el genocidio como: cualquiera de los siguientes actos cometidos con la intención de destruir a las mujeres como género, en todo o en parte: 1) por asesinato, es decir, femicidio. 2) Al causar daño severo corporal o mental a las mujeres, por violación generalizada, abuso sexual infantil, acoso sexual, violencia física, abuso verbal, restricciones de la libertad, etcétera. 3) Al infligir deliberadamente sobre las mujeres condiciones de vida encaminadas a su destrucción física parcial; por ejemplo, al discriminarlas económicamente, de tal forma que sigan dependiendo de los hombres; al socializarlas para que crean que es su deber que pasen parte importante de sus vidas y energías criando a los hijos y manteniendo la casa en lugar de competir con los hombres en la fuerza de trabajo pagada, etcétera. 4) Al imponer medidas para prevenir nacimientos por racismo u otras razones poco apropiadas. 5) Al trasladar forzadamente al hombre (incluyendo a hombres que abusan sexual o físicamente de sus hijos) a los hijos de parejas divorciadas involucradas en litigio por la custodia (a pesar de que las mujeres han tenido típicamente la mayor responsabilidad de criarlos), particularmente si la madre tiene menos capacidad económica que el padre o si ella es considerada incapacitada simplemente por racismo, lesbofobia u otras razones poco apropiadas. Finalmente, en el año 2008 Marcela Lagarde también afirmó que el feminicidio es el genocidio contra mujeres y sucede cuando las condiciones históricas generan prácticas sociales que permiten atentados violentos contra la integridad, la salud, las libertades y la vida de niñas y mujeres.

[9] Para Segato (2010) estas nuevas formas bélicas no-convencionales, de tercera o cuarta generación, se caracterizan por su carácter informal, no contemplan ni uniformes ni insignias o estandartes, ni territorios estatalmente delimitados, ni rituales y ceremoniales de victoria y de derrota, y estas últimas son siempre provisorias e inestables.

De acuerdo con Rita Segato, el femigenocidio posee un carácter genérico, impersonal y sistemático, lo que permite aproximarlo al perfil de los genocidios o de los crímenes de lesa humanidad. Esto se debe a que, en primer lugar, no son crímenes comunes de género sino crímenes corporativos[10], específicamente, son crímenes de segundo Estado o de Estado paralelo; además "presentan una relación inversa entre el número de perpetradores y el número de sus víctimas, siendo que un líder de bando y su grupo serán responsables por las muertes de una multiplicidad de víctimas" (Segato, 2012, sp). Partiendo de esta perspectiva, la tipificación de la figura del femigenocidio permitiría:

a. Incluirla en el fuero internacional que se ocupa de los crímenes de lesa humanidad y genocidio.

b. Tornar imprescriptibles por lo menos algunos de estos crímenes, dando el tiempo necesario para identificar y prender a sus responsables, intimidándolos con la posibilidad de alcanzarlos a futuro con la ley.

c. Establecer protocolos detallados para laudos periciales policiales y médico-legales adecuados y eficientes para orientar la investigación en función de la particularidad de los crímenes.

Empero, "femicidio", "feminicidio" o "femigenocidio" es una disputa por la terminología que en las ciencias sociales y jurídicas aún no termina; pero, aunque esta discusión es necesaria, no podemos perder de vista que mientras tanto el patriarcado y la cultura femicida cada año, cada mes, cada semana, cada día, cada hora, cada minuto, sigue acabando con más vidas…

---

[10] Según la autora la corporación es "el grupo o red que administra los recursos, derechos y deberes propios de un Estado paralelo, establecido firmemente en la región y con tentáculos en las cabeceras del país. Se asemejan, por lo tanto, en su fenomenología, a los crímenes y desapariciones perpetrados por regímenes totalitarios. Comparten una característica idiosincrática de los abusos del poder político: se presentan como crímenes sin sujeto personalizado realizados sobre una víctima tampoco personalizada, donde un poder secreto abduce a un tipo de mujer, victimizándola, para exhibir, reafirmar y revitalizar su capacidad de control. Por lo tanto, son más próximos a crímenes de Estado, crímenes de lesa humanidad, donde el Estado paralelo que los produce no puede ser encuadrado porque carecemos de categorías y procedimientos jurídicos eficientes para enfrentarlo" (Segato, 2006, p. 11).

Capítulo 3

El femicidio en la sociedad contemporánea

Con frecuencia nos hallamos ante discursos en los que se afirma que las desigualdades por razones de género son cosa del pasado, que han sido superadas, que las mujeres han alcanzado la tan demandada y anhelada igualdad de condiciones y oportunidades; incluso hay quienes afirman que las mujeres están superando a los hombres, monopolizando los espacios de acción y decisión, y llegando ejercer formas de dominación. Esta narrativa contribuye a invisibilizar y diluir en el imaginario colectivo las inequidades y formas de discriminación fundamentadas en la pertenencia e identidad de género, pero también, por supuesto, sus manifestaciones y consecuencias.

En la región sigue sin ser bien recibido el debate sobre la dominación masculina, cuando este se plantea despierta grandes oleadas de polémica, el enardecimiento y la indignación de aquellos que de manera vehemente niegan su existencia, y la condena una vez más al ostracismo de aquellas que osaron a denunciarlo, que se atrevieron a evocar los "fantasmas del pasado".

Cuando las mujeres denuncian la existencia del patriarcado y su manifestación a través del sexismo, el androcentrismo, el falonarcisismo, la misoginia y el machismo, sus interlocutores responden que estos no existen; para algunos resulta inverosímil, mientras que otros optan por minimizar el fenómeno en "solidaridad" afirmando que la discriminación por razones de género es producto de la ignorancia, por lo cual no debe dársele importancia. Es decir, los argumentos de las mujeres en lo que refiere a los procesos de inferiorización, cosificación y victimización por razones de género con frecuencia son desestimados, minorizados y descalificados.

Esta situación se profundiza cuando las mujeres denuncian la problemática de la violencia por razones de género o socializan sus experiencias. Aquellos con quienes interactúan la mayoría de las veces optan por responsabilizarle de la violencia experimentada; son acusadas de victimizarse, de ver violencia en todas partes, de tener complejos de inferioridad, baja auto-estima, traumas, de ser susceptibles, sensibles y paranoicas. Otros, ante la visibilización de la violencia de género por parte de las mujeres que la han padecido, reaccionan con gestos y palabras de lástima o condescendencia. Por su parte los más extremistas e intolerantes, cuando las mujeres exponen las formas de violencia de las que como género han sido o pueden ser vícti-mas, las califican de dramáticas, se las acusa de estar exagerando, llamando la atención o de pretender hacer un espectáculo.

Cuando se hace referencia a la violencia contra la mujer hay quienes afirman que esta es casi inexistente, que los casos presentados son hechos aislados, y que su ocurrencia se encuentra determinada por factores de riesgo como la pobreza, el consumo de bebidas alcohólicas y el uso de estupefacien-tes. No obstante, esta perspectiva no es adventicia, por el contrario, responde a que:

> No estamos acostumbrados a asociar el patriarcado con la fuerza. Su siste-ma de socialización es tan perfecto, la aceptación general de sus virtudes es tan completa, ha prevalecido en la sociedad humana por tanto tiempo y de manera tan universal, que apenas se podría concebir que necesitara ponerse en prác-tica de forma violenta. Tradicionalmente vemos sus brutalidades cometidas en el pasado como costumbres exóticas o "primitivas". Las bestialidades del pre-sente se observan como el producto de una desviación personal, confinada a la patología o a un comportamiento excepcional y sin importancia general. Y sin embargo, el dominio en la sociedad patriarcal sería imperfecto e inclusive inoperable, a menos que descanse en la fuerza, para emergencias o como instru-mento omnipresente de intimidación (Millett, 1970, p. 59-60).

Este punto de vista en donde el patriarcado aparece de forma inofensiva está más extendido de lo que se cree. Incluso ante la demostración de los nu-merosos casos de femicidio -la forma más extrema que cobra la inequidad y las relaciones de poder fundamentadas en el género-, hay quienes se atreven a desestimarlos, desconocerlos, minimizarlos, dado que, en nuestras socieda-des prevalece lo que Eugenia Rojas Blanco (2015) denomina "la retórica del menosprecio".

En este contexto, aquellos que persiguen mantener lo que Jane Caputi y Diana Russell (1992) han denominado "la supremacía masculina"[1] des-mienten hasta sus últimas instancias las múltiples y sistemáticas formas de

---

[1] La supremacía masculina supone aquellos "sistemas en los cuales los hombres se encuentran en una posición general de dominio en relación con las mujeres y donde estas condiciones de dominación descansan en nociones naturales, si bien ideológicas, de la superioridad masculina" (Hester, 2006, p. 91).

violencia letal a la que están expuestas y sometidas las mujeres en la sociedad contemporánea; desconocen el impacto y especificidad de los crímenes cometidos contra las mujeres, pero sobre todo, desdeñan la situación afirmando que no son las mujeres quienes están en riesgo sino que toda la población, contrarrestando las cifras de femicidio con los altos índices de homicidios de los hombres en nuestras sociedades invadidas por la violencia social[2]. De esta manera, el femicidio es férreamente impugnado por sus perpetradores y promotores, es decir, por los hombres como género en una sociedad patriarcal. Aunado a ello, se intenta minimizar la gravedad del aniquilamiento físico y simbólico de las mujeres desproveyéndolo de su carácter misógino y sexista para inscribirlo en el común de los actos criminales, motivo por el cual este crimen continúa irreconocido e invisibilizado[3].

No obstante, pese a los intentos de despolitización y desgenerización del fenómeno, en este texto asumimos la definición de Diana Russel (1992), en la cual se entiende el femicidio como el asesinato de mujeres por ser mujeres; perpetrado por uno o varios hombres particulares, los cuales incluyen los asesinatos misóginos (motivados por el odio y desprecio hacia las mujeres) y los asesinatos sexistas (fundamentados por un sentido de tener derecho a ello o superioridad sobre las mujeres, por el placer o deseos sádicos hacia ellas, o por la suposición de propiedad sobre las mujeres). Pero es importante aclarar que, "cuando el género femenino de una víctima es irrelevante para el perpetrador, estamos tratando con un asesinato no feminicida" (Russell, 2006, p. 79).

Esto quiere decir que, **aunque todo femicidio es el homicidio de una mujer, no todo homicidio de una mujer es un femicidio**. De acuerdo a ello, es posible afirmar que el femicidio no incluye los asesinatos de mujeres perpetrados por la delincuencia común durante la comisión de robos, secuestros, extorsiones, venta de drogas o delitos contra la propiedad, a menos que, durante su comisión la mujer sea reducida o violentada en su condición de mujer; por ejemplo, cuando en medio de un robo o secuestro una mujer es

---

[2] Si bien es cierto que históricamente las principales víctimas de homicidios son los hombres, también es cierto que son ellos los principales victimarios, además, "rara vez se asesina a los hombres simplemente porque sean hombres. Incluso, en los rarísimos casos en los que las mujeres matan hombres es poco probable que maten porque la víctima sea hombre. La mayor parte de los asesinatos cometidos por mujeres son en defensa propia o representan un intento desesperado de autoconservación" (Radford, 2006, p. 48).

[3] Un ejemplo de ello lo constituyen las consideraciones de Eugenio Raúl Zaffaroni en un artículo publicado durante 2017, en el cual afirma que "si la frecuencia de femicidios se mantuviese estable, podrían atribuirse directamente a la cultura machista dominante en nuestra sociedad. (...) Pero si en realidad la frecuencia femicida ha aumentado –y más si nos hallamos en un pico, brote o "epidemia"–, sin perjuicio de seguir enfrentando la cultura machista, habría que averiguar qué otros factores han incidido en eso".

violada y posteriormente asesinada. Tampoco es posible hablar de un femicidio cuando una niña o mujer queda atrapada en la línea de fuego de los llamados enfrentamientos entre bandas o en el intercambio entre fuerzas de seguridad y la delincuencia organizada. El femicidio no comprende los homicidios involuntarios, esto es, los asesinatos accidentales de mujeres por descuido o negligencia criminal, por ejemplo cuando una mujer es atropellada por un conductor hombre alcoholizado. El femicidio tampoco abarca las muertes violentas de mujeres cometidas por venganza personal de otras mujeres, por ajustes de cuenta, brutalidad policial, ni aquellas ocurridas cuando la mujer realizaba actividades delictivas[4].

> Los factores que hacen diferente el delito de femicidio con el homicidio de un hombre, e incluso con el homicidio común de una mujer, destacan que, a través de la muerte violenta, se pretende refundar y perpetuar los patrones que culturalmente han sido asignados a lo que significa ser mujer: subordinación, debilidad, sentimientos, delicadeza, feminidad, etc. Esto significa que el agente femicida o sus actos reúne alguno o algunos patrones culturales arraigados en ideas misóginas de superioridad del hombre, de discriminación contra la mujer y de desprecio contra ella y su vida. Tales elementos culturales y su sistema de creencias le hacen creer que tiene el poder suficiente para determinar la vida y el cuerpo de las mujeres, para castigarlas o sancionarlas, y en última instancia, para preservar los órdenes sociales de inferioridad y opresión. Esos mismos elementos culturales permiten que el victimario se vea reforzado como hombre a través de la conducta realizada (OACNUDH y ONU Mujeres, 2014, p. 35-36).

Pero, el femicidio sí engloba los asesinatos de mujeres cometidos en el contexto de relaciones de pareja (novio, ex novio, compañero, ex compañero, prometido, ex prometido, esposo, ex esposo, amante o ex amante); los crímenes de honor o por incesto (aquellos perpetrados por padres, tíos, primos, hermanos o hijos de consanguinidad, afinidad o adopción para reafirmar su autoridad o encubrir la violencia incestuosa); la muerte de una mujer por parte de un conocido o desconocido en el contexto del acoso

---

[4] Sin embargo, el *Modelo de Protocolo Latinoamericano de Investigación de las Muertes Violentas de Mujeres por Razones de Género (Femicidio/Feminicidio)* recomienda durante el proceso de investigación aplicar las directrices del Modelo de Protocolo de manera sistemática frente a todos los casos de muertes violentas de mujeres, puesto que detrás de cada muerte puede existir un femicidio, aunque al inicio no haya sospecha de criminalidad. Igualmente los casos de suicidios de mujeres deben ser investigados bajo las indicaciones de este Modelo de Protocolo por tres razones fundamentales: 1) muchos suicidios son consecuencia de la violencia previa que han sufrido las mujeres. 2) Los suicidios son una forma habitual de ocultar un homicidio por parte de su autor, presentando la muerte de la mujer como un suicidio o muerte accidental. 3) Pueden ser un argumento usado por las personas a cargo de la investigación criminal para no investigar el caso y archivarlo como suicidio.

sexual, producto de violaciones, prostitución, turismo sexual, trata o esclavitud. Así mismo, es posible considerar femicidio el asesinato de mujeres motivado por odio, desprecio y aversión a su identidad de género o preferencia sexo-afectiva (lesbianas, bisexuales o transgéneros). Ahora bien, ¿qué lleva a los hombres a asesinar de forma reiterada y metódica a las mujeres? ¿Qué motiva los femicidios?:

> Dentro de la teoría del feminicidio, el impulso de odio con relación a la mujer se explicó como consecuencia de la infracción femenina a las dos leyes del patriarcado: la norma del control o posesión sobre el cuerpo femenino y la norma de la superioridad masculina. Según estos dos principios, inspiradores de una variedad de análisis de corte feminista de crímenes contra las mujeres, la reacción de odio se desata cuando la mujer ejerce autonomía en el uso de su cuerpo desacatando reglas de fidelidad o de celibato –la célebre categoría de "crímenes contra la honra" masculina–, o cuando la mujer accede a posiciones de autoridad o poder económico o político tradicionalmente ocupadas por hombres, desafiando el delicado equilibrio asimétrico. En estos casos, los análisis indican que la respuesta puede ser la agresión y su resultado la muerte. (…) En este sentido, los crímenes del patriarcado o feminicidios son, claramente, crímenes de poder, es decir, crímenes cuya dupla función es, en este modelo, simultáneamente, la retención o manutención, y la reproducción del poder (Segato, 2006, p. 4).

Desde esta perspectiva, el femicidio no es en términos literales el asesinato de una mujer solo por el hecho de ser mujer[5], es un acto sancionatorio ante la transgresión de la normatividad y la expectativa patriarcal de la feminidad esperada y exigida. A las mujeres no las asesinan por ser mujeres, sino porque prescinden de la tutela, subordinación y dependencia masculina; porque aspiran más de lo que se les ha impuesto y permitido como género a través de la socialización, por cuestionar las desigualdades fundamentadas en las diferencias biológicas entre hombres y mujeres, por no aceptar la socialmente construida jerarquía de superior-inferior. Las mujeres son asesinadas por romper con los patrones tradicionales de lo que se espera que sea una mujer, por querer o transformar sus experiencias, por empoderarse, por ayudar a otras mujeres a hacerlo, por esta razón "todas las sociedades patriarcales han

---

[5] Como bien afirmaba Simone de Beauvoir (1949) en su libro *El segundo sexo*, no se nace mujer, se llega a serlo. Esto significa que la feminidad es una construcción social, pero la única feminidad socialmente aceptada, promovida y validada es aquella construida, socializada e impuesta por el pensamiento patriarcal. Esta deviene en una mujer patriarcalizada y a esa mujer patriarcalizada que responde a las exigencias de la masculinidad no se le mata; se mata a la mujer que –en términos beauvoirianos– llega a ser mujer en ruptura con el mandato patriarcal y heteronormativo, es decir, a partir de su empoderamiento.

usado –y siguen usando- el femicidio como una forma de castigo o control social ejercido por los hombres sobre las mujeres" (Caputi y Russell, 2006, p. 75).

De acuerdo a ello, todas las mujeres que cuestionan la organización social desigual, la distribución inequitativa de los roles, ejercen su sexualidad libremente, rechazan el mandato de la maternidad, el matrimonio, y trascienden la expectativa social de la sumisión y dependencia masculina, están en riesgo de ser víctimas del femicidio. Esto responde a que, desde una perspectiva funcionalista aparecen como agentes desestabilizadores de ese "orden social" desigual impuesto; en otras palabras, el femicidio es un acto de neutralización de la disidencia al orden patriarcal heteronormativo.

> Las mujeres que representan la mayor amenaza para la masculinidad son las que afirman, o parecen afirmar, su independencia. Cualquier afirmación de independencia o resistencia al control masculino puede incitar o "provocar" la violencia masculina. En las calles las mujeres "sin hombre" son las que reciben la mayoría de los abusos y de las agresiones; en el trabajo las que se resisten a las estrategias de búsqueda de atención de los hombres –lo que Dale Spender llama "masaje del ego"– son las que sufren más acoso; en el hogar las mujeres que de alguna manera parecen desafiar o amenazar el dominio masculino patriarcal o autocrítico son las que tienen más probabilidades de ser amenazadas, golpeadas, asesinadas; en la pornografía, la humillación y degradación de una "dama" emancipada es lo que más excita a los hombres (Radford, 2006, p. 511).

Este hecho permite comprender por qué el ámbito doméstico es donde se hace más común y frecuente el femicidio. Contrario al imaginario popular donde el hogar se presenta como proveedor de seguridad, este espacio se erige como el de mayor riesgo para una mujer; donde tiene más probabilidades de ser asesinada o, como afirman Jane Caputi y Diana Russell (1992), el que conlleva el mayor potencial de femicidio. Esto responde a que la unidad doméstica ha sido el entorno donde se ha sometido de forma más severa y constante a las mujeres, quienes han estado supeditadas de manera continua al mandato masculino, en primer lugar del padre, posteriormente de los hermanos, seguido por la tutela del marido y, en última instancia, la de los hijos. Además de ello, porque es en el hogar donde las mujeres comienzan a cuestionar y transgredir el mandato patriarcal sexista, heteronormativo y androcéntrico, así como, según Caputi y Russell (1992), el convenio doméstico patriarcal ideal (la pareja heterosexual).

El rechazo o la transgresión de este mandato se han convertido en un detonante de la violencia femicida. En el ambiente familiar esta ha sido cometida por el padre, los hermanos o los hijos (principalmente motivados en el "honor" masculino o por el ejercicio de la dominación sexual en la figura del incesto); pero sobre todo, cometido por el hombre con quien la víctima tenía o tuvo en algún momento una relación de tipo sexual o afectivo, ya fuese en la figura de novio, prometido, concubino, esposo o amante. Este acto la más de las veces se comete porque la mujer deja de estar disponible para los intereses del patriarcado, a saber, deja de estar disponible sexualmente o para la reproducción de la existencia masculina.

> En el contexto del análisis feminista radical el femicidio tiene un gran significado político. Es una forma de castigo capital que afecta a las mujeres que son sus víctimas, a sus familias y a sus amigas y amigos. En realidad sirve como medio para controlar a las mujeres en tanto que clase sexual, y como tal las mujeres son centrales para mantener el estatus quo patriarcal (Radford, 2006, p. 39-40).

De este modo queda en evidencia que el femicidio no es un hecho casual, inédito, sin precedentes o antecedentes; no es un acto irracional, una explosión emotiva o una pérdida de control. El femicidio es el desenlace, el punto máximo de un *continuum* de violencia previa desmedida, realizada para neutralizar desde sus primeros momentos los intentos de emancipación e independencia de las mujeres.

> Cuando un hombre mata a una mujer, este crimen se inscribe en el cuadro de una relación de dominación masculina y de subordinación femenina. Se trata de un crimen cometido con la finalidad de controlar a la mujer, a quien el hombre ha convertido en su objeto de posesión. Por lo tanto, el recurso de la violencia por parte de los hombres es instrumental y no constituye una pérdida de control, sino más bien una toma de control (Cisneros, 2005, p. 25).

Además, un femicida no se construye de la noche a la mañana, este se encuentra influenciado por el bombardeo y sobre-estimulación de una cultura patriarcal violenta, misógina y femicida, que exige la violencia como mecanismo de afirmación y demostración de la masculinidad. Al respecto "varios estudios han mostrado que los hombres que matan a sus esposas frecuentemente tienen historias de conducta violenta, tanto dentro como fuera de sus relaciones conyugales" (Gartner, Dawson y Crawford, 2006, p. 313); y han dado muestras de comportamientos violentos contra animales, propiedades u objetos, teniendo incluso encuentros previos con la policía.

Muchos de estos femicidios son cometidos por los hombres cuando las mujeres vuelven a estudiar, se plantean trabajar aunque nunca lo hayan hecho, retoman el trabajo después de un embarazo, reciben un ascenso o aumento, comienzan a conversar, compartir o salir con amigas, en definitiva, cuando obtienen algún grado de independencia personal, profesional o económica. Así mismo, "una considerable evidencia anecdótica sugiere que las esposas están en creciente riesgo de femicidio cuando señalan que quieren salir de una relación o iniciar los trámites de divorcio" (Radford, 2006, p. 49), o como señala Charles Patrick Ewing (1997), la mayoría de las mujeres asesinadas por sus golpeadores son aquellas que no solamente intentaron sino que lograron abandonarlos[6].

Este tipo de femicidios, según Margaret Zahn y Noel Cazenave (1992), responde al deseo de los hombres de preservar su dominación sexual sobre las mujeres; esta teoría es compartida por los investigadores canadienses Margo Wilson y Martin Daly (1993), para quienes este tipo de crímenes se explican por el temor de los hombres a perder su acceso sexual exclusivo hacia su mujer. Por su parte, Andée Côté (1991) lo asocia al sentimiento de falla personal, en virtud de que en las sociedades patriarcales la masculinidad se mide en función de la capacidad de controlar a la mujer.

También es importante destacar que cuando existe un vínculo cercano entre la víctima y el agresor, existe una tendencia a que estos femicidios sean cometidos con violencia excesiva, acciones crueles, significativos niveles de sadismo y ataques sexuales. En consonancia con Gartner, Dawson y Crawford (2006), uno de los rasgos distintivos de este tipo de femicidio es el grado y la naturaleza de la violencia infligida a la víctima, incluso después de que la muerte de la mujer fuese evidente[7].

---

[6] Este tipo de femicidios es uno de los más comunes, ejemplos hay muchos, sin embargo, destaca el caso de Selene Hernández Mujica, una mexicana de 28 años asesinada de varios disparos por su ex pareja Óscar Alejandro Munguía luego de que le pidiera el divorcio y la custodia de su hijo. El hombre ingresó en la tienda donde ella trabajaba en el Centro Comercial Reforma 222, le disparó 3 veces y posteriormente intentó suicidarse. Las autoridades encontraron entre sus pertenencias una nota en la que se leía: "No vas tú a destruir mi vida y después como si nada… por puta te paso esto" ("Lo que sabemos del feminicidio en Reforma 222", *El Universal*, 20 de marzo de 2018).

[7] Ejemplos de ello sobran, sin embargo, entre los casos recientes de gran impacto en el imaginario social latinoamericano es posible mencionar: 1) Wanda Taddei, la argentina de 30 años que murió luego de haber sido rociada con alcohol y prendida en fuego por su esposo Eduardo Vázquez ("Caso Wanda Taddei, un crimen que conmocionó al país" *Diario MDZ*, 21 de febrero de 2013). 2) Yohanna Karina Escalona Santos, una venezolana de 37 años decapitada por su esposo en la vivienda que compartían. El hombre guardó su cuerpo en una bolsa y la cabeza en otra ("Decapitó a su esposa Yohanna Escalona con un machete en Caracas" *Diario Panorama*, 11 de abril de 2016). 3) Magdalena Aguilar Romero, una nutricionista mexicana de 28 años quien desapareció cuando iba a buscar a sus hijos a la casa de su ex esposo. A los nueve días de su desaparición y por presión de los familiares la policía decidió allanar el restaurant del ex esposo. Allí fue encontrado el cadáver de la mujer, sobre una parrilla había una olla de peltre con los brazos y piernas de Magdalena cocidos en salsa, además, encontraron en el suelo una bolsa de plástico negra que contenía la pelvis de la víctima ya cocida, mientras que el resto de su cuerpo estaba semi congelado dentro de un refrigerador ("La descuartizó, la

Otra particularidad de estos femicidios, donde el responsable es cercano a la víctima por vínculo familiar o conyugal, es que en sobradas ocasiones intentan encubrir el crimen perpetrado. Se presentan ante las autoridades y afirman que la víctima sufrió un accidente o fueron atacados por delincuentes, describen a los supuestos atacantes, se muestran colaboradores, intentan proporcionar datos que ayuden a encontrar al presunto asesino; incluso acompañan a la familia de la víctima durante los trámites funerarios y rituales mortuorios. Estos femicidas que mantenían nexos estrechos con la víctima son también los más tendentes a suicidarse tras la comisión del femicidio.

Algunos hombres también se sienten con derecho a matar a cualquier niña o mujer debido al rechazo o insulto real o imaginario (Russell, 2006). Otros asesinatos de mujeres se dan cuando los hombres sienten, perciben o imaginan que pierden, perdieron o pueden perder sus privilegios, que ya no detentan el poder ni la exclusividad de los espacios, es decir, porque se sienten des-masculinizados. Igualmente los hombres matan a las mujeres porque estas entran a territorios tradicionalmente considerados masculinos, cuando los superan o desafían su autoridad y superioridad. En estos casos predomina el sentimiento de masculinidad disminuida, por el acceso y ascenso de las mujeres a los espacios de participación y decisión social que tradicionalmente les fueron negados.

Pero los femicidios no son solo aquellos consumados por los hombres contra las mujeres con las que mantienen o han mantenido algún tipo de relación afectiva, producto de ataques sexuales o de relaciones de poder en el contexto familiar, educativo o laboral. Por el contrario, las mujeres también son asesinadas cuando se organizan para denunciar la violencia de la que son víctimas, la violación, el acoso, el femicidio; cuando se articulan para ejercer resistencia a la dominación masculina, cuando intentan desarticularla,

---

cocinó y la escondió en el freezer", *Diario LMNeuquen*, 25 de enero de 2018). Ahora, aunque es más común que estos crímenes grotescos y excesivamente violentos sean perpetrados por parejas o ex parejas, también pueden ocurrir en otros contextos, cometidos por sujetos con quienes la víctima no mantenía ningún tipo de vínculo, por ejemplo: 4) Liana Hergueta, una mujer venezolana de 53 años quien fue electrocutada, violada y desmembrada después de que denunciara públicamente en las redes sociales a un hombre por haberla estafado con la venta de unos dólares. El cuerpo desmembrado de la víctima fue abandonado dentro de su vehículo ("Liana Hergueta fue electrocutada y violada antes de ser desmembrada", *El Estímulo*, 13 de agosto de 2015). 5) Lucía Pérez, la adolescente argentina de 16 años quien murió luego de ser brutalmente violada y empalada por varios hombres ("El 'aberrante' empalamiento de una joven de 16 años conmociona Argentina", *Diario 20 Minutos*, 17 de octubre de 2016). 6) Mariana Joselin Baltierra, una joven mexicana de 18 años que de regreso a su casa tras realizar unas compras a las 9 a.m. fue introducida contra su voluntad en una carnicería. Tras días de búsqueda adentro de la carnicería fue encontrado el cuerpo de Mariana, violada y destripada ("Una joven destripada en una carnicería, el penúltimo feminicidio que hace temblar a Ecatepec", *El País*, 6 de agosto de 2017).

superarla y transformar su situación social, pues amenazan el histórico y arbitrario poder de los hombres. En definitiva, estos crímenes tienen como propósito silenciar a las mujeres, desmovilizarlas, desincentivarlas, pero sobre todo intimidarlas, para que no protesten ni denuncien las violencias y abusos de las que han sido y continúan siendo víctimas.

Así mismo, aunque el femicidio en su forma más común y extendida es la ejercida por los hombres contra las mujeres, puede este también ser cometido por otras mujeres en pro del mantenimiento de la norma y la tradición patriarcal, de este modo, sostienen el sistema de desigualdad y opresión social. De acuerdo a Russell (2006), estos femicidios son cometidos por dos tipos de mujeres, entre ellas es posible nombrar:

1. Mujeres que actúan como agentes del patriarcado:

a. Asesinatos relacionados con la dote: suegras que matan a sus nueras o ayudan a sus parientes varones en tales asesinatos.

b. Asesinatos relacionados con la preferencia de hijos varones: madres que matan a sus hijas (infanticidio), o maquinan su muerte por abandono, negligencia, inanición o medidas semejantes.

c. Muertes relacionadas con la mutilación genital: muertes provocadas por métodos primitivos o antihigiénicos usados por operadoras femeninas; muertes de mujeres mutiladas genitalmente durante el alumbramiento a causa de complicaciones relacionadas con la mutilación.

d. Mujeres cómplices de algunos asesinatos: casos mortales de operaciones de mutilación genital a las cuales las madres obligan a las hijas a someterse, o casos en los cuales parientes femeninos someten por la fuerza a las víctimas durante la operación, las atestiguan o las permiten; madres y otras parientes femeninas que fuerzan a las hijas viudas para que se inmolen en la pira funeraria de sus maridos.

2. Mujeres que actúan como agentes de perpetradores masculinos:

a. Cómplices de femicidios: esclavitud sexual en la cual la esposa/pareja ayuda al marido/pareja a cometer el femicidio; esposas golpeadas que participan en femicidios de la hija iniciados por el padre; femicidios que involucran a otros parientes femeninos.

b. Femicidios relacionados con pandillas: cómplices de miembros de pandillas que participan o ayudan a los miembros masculinos en femicidios de miembros femeninos de la pandilla u otras mujeres.

c. Femicidios de "honor": mujeres que son cómplices o ayudan a parientes varones en femicidios de "honor".

d. Suicidios de mujeres obligadas a matarse a sí mismas: por maridos abusivos, padres, hijos, padrotes, acosadores, perpetradores de incesto; es decir, mujeres que, a causa del abuso masculino, se destruyen a sí mismas (suicidios femicidas).

Esto quiere decir que, aunque la atención se dirige fundamentalmente a los femicidios perpetrados por hombres, por ser los más comunes y cuantitativamente más significativos, el núcleo central del femicidio no es solo quien comete el asesinato -en términos penales el sujeto activo-, sino los motivos del crimen en el contexto de relaciones de poder en una sociedad patriarcal, sexista, heteronormativa, androcéntrica y falonarcisista.

Otro aspecto a tener en cuenta sobre esta sociopatía es que aunque algunas feministas reconocen que los asesinatos motivados en el género afectan a niñas y mujeres de diferentes grupos etarios, nivel educativo y condición socioeconómica, generalmente consideran como una tendencia su ocurrencia en los sectores desposeídos:

> Son asesinadas mayoritariamente niñas y mujeres con alto grado de inseguridad, vulnerabilidad vital y nula protección social e institucional, en zonas de devastación social donde predominan la inseguridad, el delito, una convivencia marcada por la ilegalidad, los poderes tácticos, el desbordamiento de las instituciones y la ruptura del Estado de derecho. (…) En [articulación] con otras condiciones sociales y económicas de extrema marginación y exclusión social, jurídica y política (Lagarde, 2006, p. 22-23).

O, en su defecto, se reproduce el discurso de que las víctimas de femicidios son "mujeres muy jóvenes, de escasos recursos, trabajadoras de la industria maquiladora o del servicio doméstico y muchas veces migradas de zonas rurales" (Laurenzo, 2012, p. 127-128). Este hecho no solo contribuye a reforzar el perfil estereotípico de las víctimas de los femicidios sino también de los victimarios, quienes contrario a los imaginarios, como bien lo han señalado Gartner, Dawson y Crawford (2006), provienen de todas las clases sociales, de todos los grupos de edad, así como, de todos los antecedentes culturales y étnicos.

La evidencia muestra que estos crímenes ocurren en zonas urbanas o rurales, fronterizas o centrales, opulentas o precarias, pueden ser cometidos por profesionales u obreros, pueden ser perpetrados por niños, adolescentes, hombres adultos o ancianos. Desde esta perspectiva ninguna mujer está a salvo o protegida del patriarcado, cualquiera es una potencial víctima de femicidio y cualquier hombre un potencial femicida. No obstante, no todos estos crímenes son iguales, existen tipos de femicidios, los cuales van a estar determinados por sus víctimas, sus perpetradores, así como por las circunstancias y escenarios específicos donde estos han ocurrido; entre ellos es posible mencionar:

1. **El femicidio directo. Es aquel perpetrado por uno o varios particulares, a quienes le pueden -o deberían- ser imputadas y atribuidas responsabilidades penales por su participación y comisión del crimen. En esta modalidad es posible considerar:**

   a. El femicidio íntimo[8], este es el asesinato de mujeres cometido por sus parejas íntimas masculinas (Stout, 1991), actuales o antiguas (Crawford y Gartner, 1992), es decir, novios, esposos, parejas en unión libre (Dawson y Gartner 1998), o ex novios, ex esposos, ex parejas.

   b. El femicidio familiar es el asesinato de una mujer cometido por alguien con quien tenía algún vínculo de parentesco, por consanguinidad, afinidad o adopción. Según Russell (2006) el femicidio familiar es aquel perpetrado por padres, padrastros, hermanos, hermanastros, tíos, tíos políticos, abuelos, abuelastros, hijos, hijastros, suegros, cuñados y otros parientes masculinos[9].

---

[8] Según Karen Stout (2006) el término fue introducido en 1976 en el Tribunal Internacional de Crímenes Contra las Mujeres.

[9] Algunos de estos femicidios familiares tienen como motivación el "honor", estos, según García, Guedes y Knerr (2013), a menudo son perpetrados como respuesta a una transgresión sexual o conductual supuesta o real, como adulterio, relaciones sexuales o embarazo extramatrimoniales, o incluso por haber sido violada, ante lo cual los autores del femicidio consideran que esta es una forma de proteger la reputación familiar, seguir la tradición o acatar exigencias religiosas interpretadas erróneamente. No obstante, algunos de los asesinatos cometidos en nombre del "honor" son usados para encubrir casos de incesto. También es posible incluir aquí los asesinatos de mujeres y niñas relacionadas con el pago de una dote.

c. El femicidio de conocidos, para Russell (2006) son los cometidos por amigos masculinos de la familia, amigos masculinos de la víctima, colegas masculinos, figuras masculinas de autoridad como: maestros, sacerdotes, empleadores; conocidos masculinos, citas masculinas (no sexual), y otros perpetradores masculinos.

d. El femicidio por ocupaciones estigmatizadas, según Monárrez (2006) son aquellos asesinatos de mujeres que se asocian al tipo de trabajo realizado y que, en términos generales, son objeto de discriminación, como aquellos realizados por *strippers* y prostitutas.

e. Femicidio sexual sistémico, esta categoría es utilizada por Monárrez (2006) para calificar los asesinatos de mujeres donde se presenta la mutilación del cuerpo de la víctima, violación sexual, y hallazgo del cuerpo en lugares como un basurero o el desierto.

f. El femicidio de desconocidos o femicidio no íntimo, es el asesinato de una mujer cometido por un hombre extraño con quien la víctima no tenía ningún tipo de relación, trato o vínculo.

g. El femicidio en serie[10], hace referencia a cuando un mismo sujeto asesina por motivos de género de forma sistemática y con características similares a varias mujeres en un largo período.

---

[10] La mayoría de los asesinos en serie conocidos son hombres, pocas mujeres forman parte de estas estadísticas, además de ello, en un significativo número de casos las víctimas son mujeres y los crímenes han estado motivados en el género de la víctima, por lo cual puede hablarse de femicidios en serie. Ejemplos de ello abundan, pero es posible señalar los casos de: 1) Florencio Roque Fernández, conocido como "El vampiro argentino" o "El vampiro de la ventana", asesinó alrededor de 15 mujeres en Argentina durante la década de los 50, entraba por sus ventanas, comenzaba a golpearlas, les mordía el cuerpo, les diseccionaba la tráquea y la carótida, bebía la sangre de sus víctimas y las dejaba desangrándose hasta morir. 2) Albert Henry DeSalvo, conocido como "El estrangulador de Boston", entre 1962 y 1964 asesinó en Boston a 13 mujeres solteras, de diferentes grupos étnicos y con edades entre los 19 y 85 años de edad. La mayoría de las mujeres fueron asaltadas sexualmente en sus apartamentos y luego estranguladas con artículos de su propia ropa. 3) Jerry Brudos entre 1968 y 1969 secuestró, apaleó y asesinó a cuatro mujeres en Estados Unidos. En el garaje de su casa hallaron los trofeos de sus víctimas, senos amputados utilizados como pisapapeles y un pie izquierdo cortado que empleaba para modelar zapatos. 4) Francisco Antonio Laureana, conocido como "El asesino puntual" o "Sátiro de San Isidro", violó y asesinó a 13 mujeres en Argentina entre 1974 y 1975. 5) Peter William Sutcliffe, conocido como "El destripador de Yorkshire", entre 1975 y 1980 asesinó a 13 mujeres en el Condado de Yorkshire, les realizó mutilaciones abdominales, genitales y extracción de órganos. 6) Pedro Alonso López, conocido como "El monstruo de los Andes", confesó más de 300 asesinatos de niñas y mujeres jóvenes en Perú, Ecuador y Colombia entre 1978-1980. 7) Gary Leon Ridgway, conocido como "El asesino del rio verde", asesinó a 71 mujeres en Estados

h. El femicidio masivo[11] es aquel en donde el hombre asesina por

---

Unidos en la década de los 80, después de asesinarlas abandonaba los cadáveres semidesnudos y semidescuartizados entre la maleza del río. 8) José Antonio Rodríguez Vega, conocido como "El mataviejas", asesinó en España al menos a 16 mujeres ancianas con edades comprendidas entre los 60 y los 93 años, entre 1987 y 1988. 9) Moses Sithole asesinó a 38 mujeres en Sudáfrica entre 1994 y 1995, contactaba a mujeres desempleadas haciéndose pasar por un hombre de negocios, las atraía con perspectivas de trabajo y las llevaba a un sitio aislado donde las violaba, torturaba y mataba. 10) Julio Pérez Silva, "El Psicópata de Alto Hospicio", violó y asesinó al menos 14 mujeres jóvenes en Chile entre 1998 y 2001.

[11] Es posible considerar aquí algunos de los grandes tiroteos o masacres, los cuales contrario a como se quiere presentar, no son hechos casuales, fortuitos, ni desgenerizados; quienes están asesinando masivamente a las personas son hombres, quienes han sido socializados en una cultura de la violencia que otorga a los hombres el poder sobre la vida y la muerte. Como ha afirmado Michael Ian Black (2018) en un artículo del *The New York Times*: "Las chicas no están jalando el gatillo; son varones. Casi siempre". Los hombres no solo son los principales responsables de la mayoría de los homicidios dolosos a nivel mundial y de los femicidios, sino que también son responsables de casi todos los tiroteos masivos y masacres de los que se tiene registro. Así lo ponen en evidencia las 10 masacres más mortíferas en los Estados Unidos desde 1991, de las cuales en solo una participó una mujer: George Jo Hennard autor de la masacre de Killeen, Texas (1991), Eric Harris y Dylan Klebold tiradores en la masacre de Columbine, Colorado (1999), Seung-Hui Cho responsable de la masacre de Virginia Tech, Virginia (2007), Nidal Malik Hasan perpetrador de la masacre de Fort Hood, Texas (2009), Adam Lanza causante de la masacre en la escuela primaria de Sandy Hook, Connecticut (2012), Omar Mir Seddique culpable de la masacre de Orlando, Florida (2016), Devin Patrick Kelley autor de la masacre de Sutherland Springs, Texas (2017), Stephen Craig Paddock ejecutor de la masacre de Las Vegas, Nevada (2017) y Nikolas Cruz responsable de la masacre de Parkland, Florida (2018). Pero además de ser hombres, la mayoría de los tiradores que han protagonizado las masacres han formado parte de los denominados grupos de privilegios, es decir, hombres, blancos, heterosexuales y poseedores de recursos económicos; quienes en varios de los casos han dirigido su violencia mortal contra grupos a quienes consideran inferiores o sobre los cuales anidan prejuicios, odio o desprecio, por ejemplo mujeres, homosexuales, lesbianas, transgéneros, por lo cual varios de estos tiroteos o masacres han sido en realidad femicidios masivos. Ejemplos abundan, sin embargo, es posible mencionar aquí: 1) el caso de Mark Lépine de 25 años, quien en diciembre de 1989 asesinó a 14 mujeres estudiantes de ingeniería en Montreal, Canadá. En un salón de clases separó a las mujeres de los hombres y a estos últimos los sacó, después gritó: "Todas ustedes son unas pinches feministas" y abrió fuego contra las mujeres. Durante media hora, Lépine mató a 14 jóvenes mujeres, hirió a otras nueve y a cuatro hombres, después se suicidó. En la nota que dejó, de tres páginas de extensión, culpaba a las mujeres por todos sus fracasos; sintió que lo habían rechazado y habían hecho escarnio de él. En su cuerpo también se encontró una lista con los nombres de 15 mujeres canadienses prominentes. 2) En Estados Unidos también destaca el caso de George Jo Hennard de 35 años, autor de la masacre de Killeen en 1991, condujo su camioneta a través de la ventana frontal de vidrio de una cafetería y gritó: "¡Todas las mujeres de Killeen y Belton son víboras! ¡Esto es lo que nos han hecho a mí y a mi familia! Esto es lo que el condado de Bell me hizo. ¡Este es el día de la retribución!". Numerosos informes del caso incluyeron relatos del odio expresado por Hennard hacia las mujeres, y un ex compañero de habitación del agresor afirmó que este "Odiaba a los negros, hispanos y homosexuales. Dijo que las mujeres eran serpientes y siempre tenía comentarios despectivos sobre ellas, especialmente después de peleas con su madre". Así mismo, sobrevivientes de la cafetería dijeron que Hennard había pasado por encima de los hombres para disparar a las mujeres e incluso llamó a dos de ellas como "perra" antes de dispararles; pese a ello, el carácter misógino de esta masacre fue obviada e invisibilizada por las

sexismo o misoginia a varias mujeres de manera simultánea durante un mismo ataque.

i. El femigenocidio, descrito por Rita Segato (2012) como aquel asesinato de grandes cantidades de mujeres motivados en el género, perpetrado por varios sujetos armados miembros de una corporación (mafias, grupos armados, pandillas, paramilitares); es decir, pertenecientes a un segundo Estado o para-estado en el contexto de escenarios bélicos o de significativa conflictividad. En estos casos no hay relación personal ni motivación personalizada que vincule al perpetrador y la víctima, el procedimiento es el de eliminación con y por despersonalización. Además, según el *Modelo de Protocolo Latinoamericano de Investigación de las Muertes Violentas de Mujeres por Razones de Género* (Femicidio/Feminicidio), también es posible considerar como femicidio directo:

j. El femicidio infantil, comprende el asesinato de una niña menor de 14 años de edad cometido por un hombre en el contexto de una relación de responsabilidad, confianza o poder que le otorga su situación adulta sobre la minoría de edad de la niña[12].

---

autoridades y los medios de comunicación. 3) George Sodini, de 48 años, en 2009 irrumpió en un gimnasio y mató a tres mujeres. El hombre tenía meses preparando el ataque según escribió en su blog, donde también manifestaba su frustración y odio hacia las mujeres porque no le prestaban atención: "No comprendo nada. No soy ni feo ni especialmente raro. No he hecho el amor desde julio de 1990 (yo tenía 29 años). (…) Las chicas y las mujeres nunca me miran EN NINGUNA PARTE". 4) Omar Mir Seddique Mateen, de 29 años, fue el tirador de la masacre en la discoteca gay Pulse de Orlando, Florida, en 2016, en la que asesinó a 49 personas. Pero pese a que este ataque es considerado el más violento y mortal en contra de la comunidad LGBT en Estados Unidos, el FBI anunció que no tenía motivos para considerar que la matanza hubiera sido motivada por odio a los homosexuales. Estas prácticas encuentran amparo y legitimidad en los grupos de supremacistas masculinos, específicamente "A voice for men" conformado en Texas y "Return of the kings" en Washington D.C., incluidos durante 2017 en el mapa de los grupos de odio de Southern Poverty Law Center (SPLC). Según el informe, estos grupos ven a las mujeres como una plaga, las consideran una "fuerza maligna en la sociedad", son percibidas como malvadas y llamadas "zorras", persiguen una subyugación total y abogan públicamente por dar muerte a todas las mujeres. En estos grupos se justifican las matanzas perpetradas contra mujeres como la del asesino del gimnasio y se celebran masacres como la de Orlando con afirmaciones como "Mateen sacaba la basura y eliminaba los parásitos de la sociedad a través de la selección natural" (Matt Forney, "The Orlando Nightclub Shooting y Moral Sickness of Whites", citado en "Male supremacy is a hateful ideology advocating for the subjugation of women", Southern Poverty Law Center).

[12] De acuerdo con el *Modelo de Protocolo Latinoamericano de Investigación de las Muertes Violentas de Mujeres por Razones de Género* (Femicidio/Feminicidio), las muertes violentas de las niñas se producen generalmente en dos escenarios: el íntimo o familiar y el sexual. En el contexto familiar ocurre sobre todo alrededor de las siguientes circunstancias: 1) situación de

k. El femicidio por trata es la muerte de mujeres producida en una situación de trata de personas. Por "trata" se entiende la captación, el transporte, el traslado, la acogida o la recepción de personas, recurriendo a la amenaza o al uso de la fuerza u otras formas de coacción, ya sean rapto, fraude, engaño, abuso de poder o la concesión o recepción de pagos o beneficios para obtener el consentimiento de la o las personas con fines de explotación. Esta explotación incluye, como mínimo, la prostitución ajena u otras formas de explotación sexual, los trabajos o servicios forzados, la esclavitud o las prácticas análogas a la esclavitud, la servidumbre o la extracción de órganos.

l. El femicidio transfóbico supone el asesinato de una mujer transgénero o transexual, en la que el victimario (o los victimarios) la mata por su condición o identidad de género transexual, por odio o rechazo de la misma[13].

m. El femicidio lesbofóbico es el asesinato de una mujer lesbiana en la que el victimario (o los victimarios) la mata por su orientación sexual, por el odio o rechazo de la misma[14].

---

violencia contra la mujer en la que también se dirige contra los hijos e hijas, en ocasiones de forma más violenta contra ellas al identificarlas con la madre. Estos femicidios se producen durante la convivencia del padre en la relación familiar. 2) Situación de violencia contra la mujer tras la separación. En estos casos algunos victimarios deciden acabar con la vida de los hijos e hijas como forma de ocasionarle un daño a la madre. Estos homicidios se suelen acompañar del suicidio del agresor. Por su parte el femicidio sexual en niñas es antecedido, en muchos casos, por una historia previa de abusos sexuales llevada a cabo por miembros de la familia o cuidadores que finalmente matan a las niñas. Otras veces, la violencia sexual se produce fuera de la familia, pero dentro del ámbito de relación de las niñas, como la escuela, las actividades de ocio, la formación extra-escolar, etc. El femicidio sexual familiar en niñas suele producirse a tempranas edades; mientras que el extra-familiar suele ocurrir en la adolescencia.

[13] "Las personas transexuales o transgénero transgreden las referencias que imponen la cultura androcéntrica a los hombres y a las mujeres a través de la asignación rígida de roles: son malos hombres y malas mujeres por romper con su sexo. En su nueva identidad son consideradas como una especie de traidores y traidoras ya que denigran de su sexo original por no poder asumir los roles vinculados a él. (…) Por esta razón, la muerte se ocasiona con una gran violencia y está cargada de un fuerte componente emocional en forma de ira o rabia" (OACNUDH y ONU Mujeres, 2014, p. 51).

[14] De acurdo al informe *Homofobia de Estado. Estudio Jurídico Mundial Sobre la Orientación Sexual en el Derecho: Criminalización, Protección y Reconocimiento*, publicado en 2017 por la Asociación Internacional de Lesbianas, Gays, Bisexuales, Trans e Intersex (ILGA), en 45 Estados (24 en África, 13 en Asia, 6 en América y 2 en Oceanía) aún son ilegales y objeto de penalización las relaciones sexuales entre mujeres. Según el informe, aunque persiste la criminalización en gran parte del mundo, también han aumentado las leyes que salvaguardan el derecho a expresar una orientación sexual diferente y que protegen de la violencia. En la actualidad 43 Estados poseen algún tipo de protección contra los crímenes de odio y 39 contra

2. El femicidio indirecto. Es aquel en el que no existe una figura a la cual imputar penalmente, sino que la muerte de una mujer se presenta como una consecuencia de las acciones u omisiones del Estado, instituciones o personas; debido al menosprecio de su condición de mujer y a las concepciones, tradiciones y formas organizativas de una sociedad desigual. Entre estas es posible señalar:

a. El femicidio institucional, femicidio negligente o negligencia femicida, este ocurre cuando los receptores de denuncia y los órganos de justicia niegan información, atención o protección a las niñas y mujeres ante su intento de denunciar la violencia por razones de género y como consecuencia ellas son asesinadas. También comprende los casos en los que las niñas y mujeres mueren por la indiferencia del Estado ante las demandas y solicitudes de atención y protección. De este modo, la impunidad y la burocracia favorecen la ocurrencia de estos femicidios[15].

b. El femicidio social o cultural[16], en esta modalidad es posible considerar la muerte de mujeres como consecuencia de la realización de abortos en condiciones inseguras y clandestinas producto de la penalización y criminalización de la interrupción voluntaria del

---

la incitación al odio. En 10 países la protección a la población homosexual está consagrada en el texto constitucional, entre ellos: Bolivia, Ecuador, Kosovo, Malta, México, Montenegro, Nepal, Portugal, Suecia y Sudáfrica. Sin embargo, en algunos países la población LGBTI y específicamente las mujeres lesbianas y bisexuales no cuentan con ningún tipo de protección jurídica. Esta aceptación social del asesinato de mujeres por ser lesbianas y la desprotección e incapacidad de otorgar justicia ante la ocurrencia de este tipo de crímenes es interpretado como un acto permisivo, lo cual ha sido denominado por autores como Robson (1992) como lesbicidio.

[15] Uno de los casos más recientes y emblemáticos de este tipo de femicidio es la muerte de 41 niñas y adolescentes calcinadas en Guatemala el 8 de marzo de 2017 en un incendio, mientras permanecían encerradas por protestar contra los abusos sexuales de los que eran víctimas en el Hogar Seguro Virgen de la Asunción. Estos abusos fueron denunciados en varias oportunidades, el Estado tenía conocimiento y no hizo nada al respecto.

[16] Este tipo de muertes de mujeres ha sido denominado por Sharon Hom (1991-1992) como femicidio social para sugerir la implicación del papel de un orden social existente en prácticas que llevan a la muerte y a la devaluación de las vidas femeninas. También han sido denominados por Diana Russell (2001) como feminicidios encubiertos, los cuales comprenden aquellas muertes de mujeres producto de actitudes o instituciones sociales misóginas. A las modalidades ya señaladas la autora agrega las muertes a causa de cirugías innecesarias, tales como histerectomías; la experimentación en cuerpos de mujeres, incluyendo el uso de métodos de control natal insuficientemente probados, algunos de los cuales han resultado cancerígenos; prácticas matrimoniales peligrosas, como aquellas en las que mujeres extremadamente jóvenes se casan con hombres mucho más viejos, entre otras.

embarazo[17], la muerte de niñas y mujeres por la práctica de la mutilación genital; la muerte de mujeres por VIH/SIDA debido a las presiones y formas de violencia a la que son sometidas las mujeres para practicar el sexo de forma insegura y su imposibilidad de negociación[18]. También es posible considerar las muertes maternas, atribuibles a partos en condiciones higiénicas inaceptables, la falta de asistencia médica o la violencia obstetricia, la muerte de niñas y mujeres por descuido y negligencia producto del desprecio social y familiar por lo femenino; así como, la muerte de muchas niñas y mujeres por el principio de alimentación selectiva, en países donde la falta de recursos básicos para alimentar a la prole o el menosprecio hacia las niñas conduce a sacrificar en primer lugar a las crías femeninas a la hora de repartir los escasos alimentos disponibles (Laurenzo, 2012), no obstante, a este Rita Segato (2016) le ha denominado violencia alimentar[19].

Ahora, si bien la víctima primaria del femicidio es siempre una mujer; los niños, niñas, adolescentes, personas enfermas y ancianas que se encontraban bajo el cuidado, protección o dependencia de la mujer asesinada, pasan también a convertirse en víctimas secundarias del femicidio. Esta victimización femicida secundaria se manifiesta:

---

[17] Kate Millet en la década de los 70 denunciaba que el sistema legal patriarcal, al privar a las mujeres de tener el control sobre sus propios cuerpos empujándolas hacia los abortos ilegales, indirectamente las condenaba a una forma de "pena de muerte"; más tarde, Jill Radford en los años 90 afirmaba que miles de mujeres mueren al año porque muchos países niegan o restringen el acceso de las mujeres al aborto. Por su parte Diana Russell en la década del 2000 también afirmaría que en los lugares donde no se reconoce el derecho de las mujeres a elegir ser madres, estas mueren cada año debido a abortos mal practicados.

[18] Para Diana Russell (1992) las manifestaciones comunes del sexismo y el dominio masculino tienen consecuencias mortales para las mujeres cuando sus parejas masculinas tienen VIH/SIDA y estos: a) se rehúsan a usar condones con sus parejas femeninas a pesar de entablar relaciones sexuales con otros (hombres o mujeres); b) tienen sexo con otros (hombres o mujeres), pero no divulgan su conducta no monogámica a sus parejas sexuales femeninas, privando a las mujeres de la oportunidad de cuidarse a sí mismas de contraer el VIH, proteger a sus hijos de que tengan la misma suerte, y de salvar sus propias vidas negándose a tener relaciones sexuales con sus parejas.

[19] "Violencia alimentar como una modalidad de violencia de género, en un doble sentido, material y simbólico. Material porque agrede materialmente a las mujeres, cuando privilegia la alimentación del padre y los hijos varones de una familia, y simbólica, porque al alimentar primero a los hombres del grupo doméstico expresa el mayor valor social de estos con relación a sus mujeres, y este mensaje de subvaloración es percibido por las mujeres y niñas desde la más tierna edad. Esta subalimentación sistemática resulta en desnutrición y, en situaciones de escasez, lleva a la muerte" (Segato, 2016, p. 147).

a. Cuando los niños, niñas y adolescentes también son victimizados de forma directa, es decir, asesinados junto con sus madres y cuidadoras por el femicida.

b. Cuando los niños, niñas y adolescentes, hijos o dependientes de la víctima son obligados a presenciar estos crímenes, la más de las veces perpetrados por su padre o padrastro.

c. Cuando el sistema jurídico sostiene una cadena de privilegios sobre el femicida, lo cual le permite revictimizar a las víctimas secundarias de los femicidios. La normativa jurídica de algunos países le permite al femicida privado de libertad seguir detentando derechos sobre los hijos menores, por lo cual, los femicidas pueden continuar decidiendo sobre el futuro de estos niños, niñas y adolescentes victimizados por quienes debían ser sus protectores.

d. Cuando los menores de edad víctimas secundarias de los femicidios son puestos a disposición de los servicios o la autoridad competente, llevados a albergues gubernamentales, ingresados en el sistema para su adopción -la cual casi nunca ocurre- y, según Claudia García, Alessandra Guedes y Wendy Knerr (2013), obligados a adaptarse a un ambiente donde quizá sean encasillados como "hijos del asesino".

e. Cuando las personas enfermas o ancianas que se encontraban bajo el cuidado, protección y dependencia económica y física de la víctima, quedan totalmente desamparados, situación que en oportunidades profundiza sus enfermedades o acelera su muerte.

Empero, sea cual sea la forma, escenario o perpetrador, sea la víctima directa o indirecta, primaria o secundaria, el femicidio, como señala el periodista mexicano Humberto Padgett (2014), es la expresión más fehaciente del odio a las mujeres que se mide por el desfile de féretros: "Muerta por muerta y ataúd por ataúd".

Capítulo 4

Cultura femicida: licencia para matar

En las diferentes etapas del proceso histórico social mundial, en las múltiples y diversas sociedades y formas organizativas que conocemos, niñas, adolescentes, mujeres y ancianas han sido sistemáticamente asesinadas por el hecho de ser mujeres. Golpeadas hasta la muerte, quemadas vivas, cremadas, ahogadas, estranguladas, asfixiadas, ahorcadas, condenadas a la muerte por inanición, acuchilladas, baleadas con armas de fuego, envenenadas, degolladas, decapitadas, desmembradas, descuartizadas, mutiladas, enterradas vivas; pero las verdaderas razones de estos asesinatos han sido por desafiar el mandato de la feminidad impuesta, de la heterosexualidad obligatoria, por no supeditarse a la dominación masculina, por atreverse a cuestionar un destino que se le presentaba como inevitable e inmodificable. No obstante, estos asesinatos patriarcales, para realizarse y establecerse como mecanismo de dominación y control social de la feminidad debían gozar de aceptación y altos niveles de difusión, por ello, aunque el término femicidio aún no existiese, hemos estado inmersos durante siglos en una *femicide culture* (cultura femicida).

Una cultura femicida es aquella que subvalora la vida de las mujeres en relación a la vida de los hombres, en la que se les concibe como prescindibles, pero sobre todo, sustituibles. Una cultura femicida es aquella donde se acepta, naturaliza y justifica el asesinato de mujeres por el hecho de ser mujeres, donde se permite su asesinato, se deja que ocurra con beneplácito, o se encubre garantizando su impunidad. Además, puede considerarse como una cultura femicida aquella en la que se promociona, promueve e incita este tipo de crímenes, en primer término mediante su transmisión y aprendizaje a través de los distintos agentes socializadores, así como, mediante su cotidianización en los distintos productos culturales desarrollados a lo largo de la historia desde el pensamiento androcéntrico patriarcal.

Uno de los recursos a través de los cuales se naturalizó e institucionalizó la cultura femicida fue a través de la literatura; en esta se construyó una narrativa literaria en la cual se hizo común y aceptable el asesinato de mujeres, específicamente en textos como: *El cantar de Mio Cid* (1140)[1] de autor no identificado, *Othello: El moro de Venecia* (1603) de William Shakespeare[2], *Justine o Los infortunios de la virtud* (1791) del Marqués de Sade[3], *La balada de la cárcel de Reading* (1897) de Oscar Wilde[4], *El túnel* (1948) de Ernesto Sábato[5], y *La intrusa* (1970) de Jorge Luis Borges[6], entre otros. Estas obras -y muchas otras de su naturaleza- contribuyeron a normalizar el femicidio como un acto indiscutiblemente asociado al amor y al placer, pero sobre todo, como forma válida y aceptada de resolución de conflictos. Desde esta perspectiva se construía en el imaginario colectivo la idea de acabar con las mujeres cuando ya han cumplido el rol social que se les ha impuesto, es decir, prescindiendo de ellas cuando ya no aman a los hombres, cuando los rechazan o cuando ya los han satisfecho sexualmente.

---

[1] En el pasaje de la afrenta de Corpes los infantes de Carrión, Ferrán y Diego González, quienes se han casado con las hijas del Cid, las golpean, las hieren con sus armas, las dan por muertas y las abandonan desnudas en el campo; en venganza de un supuesto agravio cometido contra ellos por Mio Cid, el padre de las vejadas.

[2] En esta obra Othello, un general del ejército de Venecia, estrangula a Desdémona por las intrigas sobre la supuesta infidelidad de esta. Cuando se descubre el malentendido, Othello se suicida al percatarse de que asesinó a su esposa por haber caído en una trampa.

[3] En este texto la protagonista Justine, en su afán de conservar una vida virtuosa, es mancillada, ultrajada y sometida a experimentar múltiples formas de violencia sexual en sus expresiones más dolorosas, crueles, tortuosas y sádicas; llegando incluso a ser espectadora del asesinato de otras mujeres durante la realización del acto sexual para la satisfacción y obtención de placer de los denominados libertinos.

[4] "¡Pues todos los hombres matan lo que aman, que todos escuchen esto; algunos lo hacen con una mirada acerba, algunos con un cumplido, el cobarde mata con un beso, el valiente con una espada!".

[5] En esta afamada obra del escritor argentino Ernesto Sábato, su protagonista el pintor Juan Pablo Castel se obsesiona con María Iribarne. La persigue, la acosa, le exige fidelidad, hace conjeturas, la atormenta con preguntas sobre su vida privada, se muestra celoso y de temperamento violento. En una oportunidad cita a María bajo la amenaza de suicidarse, esta no acude al encuentro y él aparece en el lugar donde ella se hospeda, empuña un cuchillo y le dice: "Tengo que matarte, María. Me has dejado solo". Finalmente la asesina asestándole varias puñaladas en el pecho y el vientre.

[6] El cuento narra la historia de los hermanos Nilsen, quienes vivían solos hasta que uno de ellos –Cristián– llevó a vivir con él a la joven Juliana Burgos. Su hermano Eduardo se enamoró de ella, Cristián, que consideraba a Julia una cosa, le dio permiso a su hermano para "usarla", y desde entonces la compartieron. Esto no aplacó la discordia, para saldar el conflicto tomaron la decisión de venderla a un prostíbulo y dividir la suma entre ambos. Unos días más tarde volvieron por ella, pagaron unas monedas a la patrona y se la llevaron, pero la solución había fracasado. Una tarde Cristián la mató, ambos la enterraron, la mujer fue sacrificada y los hermanos se abrazaron.

Ahora bien, uno de los aspectos que ha motivado una gran cantidad de los femicidios ha sido la creencia tan instalada que tienen los hombres de que las mujeres son de su propiedad, les pertenecen, motivo por el cual se sienten en libertad y derecho de disponer de sus vidas. Este hecho, el asesinato de mujeres a manos de hombres celosos, furiosos, incapaces de contener su deseo de posesión y dominio fue inmortalizado en las clásicas operas: *La fuerza del destino* (1862) de Giuseppe Verdi[7], *Carmen* (1875) de Georges Bizet[8], *Pagliacci* (1892) de Ruggero Leoncavallo[9], entre otras. Pero este pensamiento femicida no solo forma parte de las óperas más antiguas, sino que, por el contrario, continúan formando parte de la narrativa en el repertorio operario de la sociedad contemporánea; así lo pone en evidencia Marta España en su artículo titulado *La tragedia de las mujeres en la ópera*, quien, tomando en cuenta los datos de Operabase[10], analiza los desenlaces de las 50 óperas más representadas en todo el mundo durante el año 2017, y encuentra que el 42% de las óperas culminan con la muerte de la protagonista, 11% de ellas por femicidios.

La pintura tampoco ha sido ajena a este fenómeno, en esta se representó el asesinato de mujeres a manos de hombres como un hecho normal, pero sobre todo cotidiano; entre estas es posible mencionar como ejemplos: *El milagro del marido celoso* (1511)[11] de Tiziano Vecellio y *The Menaced Assassin (L'Assassin menace)* (1927) de René Magritte[12].

---

[7] En esta escenificación, Leonora -la protagonista- es apuñalada en el corazón por su hermano Don Carlos tras haber desafiado el mandato paterno y haberse enamorado del joven sudamericano Don Álvaro.

[8] En la referida composición dramática el soldado Don José asesina a su amante, la gitana Carmen, hundiéndole una navaja en la espalda cuando esta lo rechaza porque se ha enamorado del torero Escamillo.

[9] Durante la escenificación de la tragedia Paglaccio, Canio, quien interpreta a Pagliaccio, se sale de su papel y confronta a su esposa Nedda, quien representa a Colombina, le exige saber el nombre del hombre con quien le engaña, y ante la negativa de esta, la apuñala mortalmente ante la mirada atónita de los espectadores quien consideran todo forma parte del libreto.

[10] Base de datos *on-line* acerca de los compositores de ópera, las óperas más representadas, entre otros datos de interés.

[11] En esta pintura el hombre aparece inclinado sobre la mujer con un cuchillo en la mano dispuesto a matarla, mientras que la mujer intenta detenerlo rogando por su vida.

[12] En este lienzo yace el cuerpo desnudo de una mujer sobre un diván, tiene sangre en la boca y un pañuelo blanco tapándole parte del cuello, ante la mirada cómplice de tres hombres que miran por la ventana. Por su parte el asesino, quien ya tiene preparado su abrigo, sombrero y maletín sobre una silla, escucha una última melodía en el gramófono antes de partir.

El milagro del marido celoso (1511), Tiziano Vecellio

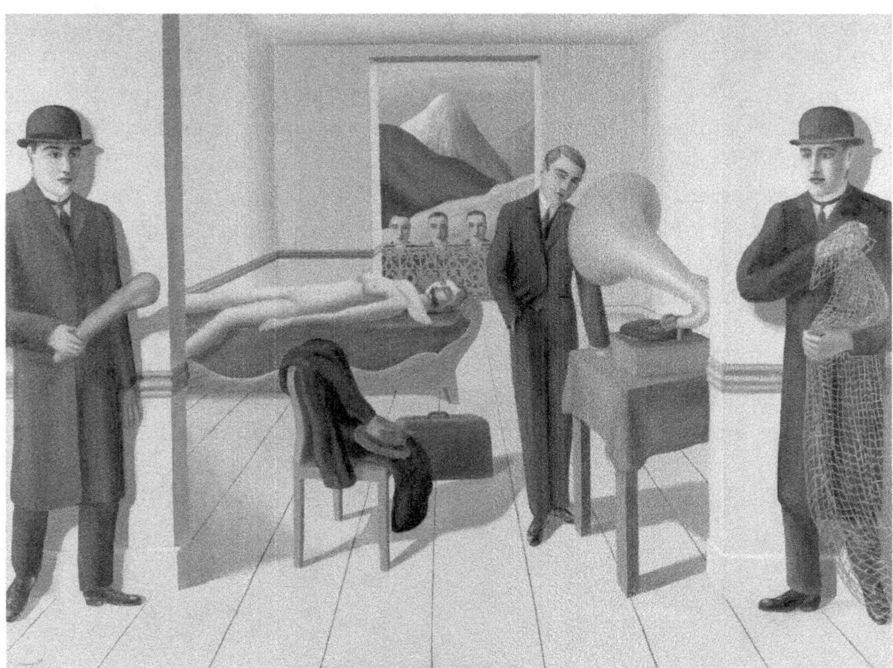

The Menaced Assassin (L'Assassin menace) (1927), René Magritte

Con la llegada del cine este se convirtió en otro ámbito para el ejercicio y la difusión de la misoginia, la dominación masculina y, por tanto, de la cultura femicida, pues la representación constante del acto criminal lo convierte en cliché, lo desprovee de su condición excepcional, lo cotidianiza, lo inscribe en la dimensión de lo normal, lo familiar, lo posible. Innumerables títulos podrían nombrarse aquí, pero entre ellos es posible mencionar *grosso modo: Frenesí (1972)*[13], *Betty Blue o 37.2 Le Matin (1986)*[14], *Viernes*

---

[13] En esta película de Alfred Hitchcock un criminal sexual, conocido con el nombre del "Asesino de la corbata", es buscado por la policía, mientras que este viola, estrangula y carga dentro de un saco a su más reciente víctima.

[14] Esta película francesa cuenta la historia de la pareja formada por Betty y Zorg. La protagonista desde el inicio es presentada como una mujer muy sexual, pero también colérica, rabiosa, violenta, destructiva, obsesiva, lo cual contrasta con su personalidad a veces animada y jovial. Se presenta depresiva ante la imposibilidad de embarazarse, llegando incluso a sacarse un ojo con un cuchillo, por lo cual es internada en un hospital psiquiátrico. Zorg ingresa disfrazado a la habitación de Betty en el hospital, y mientras esta yace inconsciente él le da muerte asfixiándola con una almohada.

sangriento (1996)[15], *Fuego* (1996)[16], *Ocho milímetros* (1999)[17], *Crimen perfecto* (2007)[18], *El secreto de sus ojos* (2009)[19], *Todas las cosas buenas* (2010)[20], *Amour* (2012)[21], *La próxima vez apuntaré al corazón* (2014)[22], entre otras. Estos crímenes también se han popularizados en las series televisivas, en estos programas los femicidios son desprovistos de su condición criminal y representados como los peligros, los riesgos del amor, la pasión, las traiciones y el deseo. Un ejemplo de ello son las series estadounidenses tituladas: *Amores fatales, Amor asesino, Víctimas del amor, Tentaciones tenebrosas, Casado con el enemigo, Pasiones peligrosas, 50 formas de matar a tu amante*, entre otros productos culturales que inundan la pantalla chica con un discurso femicida.

La industria musical también se ha constituido como un difusor y promotor de la cultura femicida. En estas generalmente se reprocha y recrimina a esa mujer incapaz de amar a aquel que le canta, que lo rechaza o que le ha engañado, este desamor o traición es generalmente castigado con violación y la muerte. Así lo ponen de manifiesto canciones como: *Run For Your Life*

---

[15] En este film un policía persigue a un asesino en serie que está asesinando a prostitutas en Hong Kong cada viernes por la noche. Mientras lo busca, intenta proteger a Maddie, una prostituta que sobrevivió y a la que el criminal ha jurado eliminar.

[16] En esta película dirigida por Deepa Mehta, una de las protagonistas es quemada viva por su esposo cuando este descubre que ella mantiene una relación lésbica con su cuñada y ha decidido abandonarlo para huir con ella.

[17] Narra la historia de un detective privado que investiga el asesinato de una adolescente durante la grabación de una película pornográfica del género *snuff* encargada por un millonario.

[18] La producción cinematográfica dramatiza el caso de un hombre rico que asesina a su esposa cuando descubre que está teniendo una aventura con otro hombre.

[19] En esta película argentina una joven mujer es brutalmente violada y asesinada dentro de su casa, por lo cual su esposo pasa la vida buscando al asesino para obtener la justicia que el sistema judicial no le proporcionó en el contexto de la dictadura.

[20] En esta película ambientada en la New York de los años 70, Katie, la protagonista, se vuelve más independiente y retoma sus estudios, ante ello su esposo David se vuelve cada vez más controlador y violento, la asesina y la desaparece sin dejar rastros.

[21] Tras una operación la anciana Anne queda en silla de ruedas producto de una hemiplejia, su salud empeora y pierde la capacidad para hablar de forma coherente. La cuida su esposo, el también anciano Georges, pero el hombre toma una almohada y ahoga a su esposa hasta la muerte.

[22] El largometraje basado en hechos reales cuenta la historia de un policía que a finales de los años 70, en Francia, se dedicó a asesinar en serie a mujeres jóvenes. El personaje es mostrado como tímido, víctima de las burlas de familiares y amigos por no tener pareja, incapaz de relacionarse con las mujeres e impotente.

de The Beatles (1965)[23], *Hey Joe* de Jimi Hendrix (1968)[24], *Cocaine blues* de Johny Cash (1969)[25], *Gimme Shelter* de The Rolling Stones (1969)[26], *Used to love her* de Guns N' Roses (1988)[27], entre otras. Pero no basta con afirmar que la mujer ha sido asesinada por aquel hombre que por cierto deja en claro que la amaba, estos discursos musicales también se caracterizan por describir el crimen, vanagloriándose ante otros hombres sobre cómo y dónde fueron asesinadas, con qué armas aniquiladas, e incluso dónde fueron escondidas o sepultadas.

Pero esta narrativa que hace apología al femicidio no solo está presente en la industria musical anglosajona, más bien esta significativamente arraigada en la cultura latinoamericana, donde estas formas de violencia como su expresión musical cuentan con significativos grados de aceptación. En la musicalización latinoamericana la mujer es mala, ingrata, malagradecida, incapaz de reconocer y agradecer el amor que este hombre le dispensa; en ellas las mujeres no solo son degradadas física sino también moralmente, hecho que pretende justificar el crimen y ganar la empatía del escucha para con el agresor. Así lo ponen en evidencia temas como: *Mala mujer* de la Sonora Matancera (1978)[28], *Las persianas* de Café Tacuba (1992)[29], *Ingrata* de Café

---

[23] "Bueno, preferiría verte muerta, pequeña, / a verte con otro hombre. / Será mejor que cuides tu cabeza, pequeña, / o no querrás saber dónde estoy. / Mejor corre por tu vida si puedes, pequeña, / esconde tu cabeza en la arena, pequeña. / Te atrapo con otro hombre y ese será el final, ah, pequeña. (…) Que esto te sirva de sermón. / Todo lo que digo va en serio. / Nena, estoy decidido / y preferiría verte muerta".

[24] "Hey Joe, ¿a dónde vas con esa arma en tu mano? / Hey Joe, dije que ¿a dónde vas con esa arma en tu mano? / Voy a dispararle a mi mujer / Sabes, la atrapé saliendo con otro hombre / Voy a dispararle a mi mujer / Sabes, la atrapé saliendo con otro hombre / Y eso no está nada bien. / Hey Joe, dije / Escuché que le disparaste a tu mujer / Que le disparaste / Hey Joe, dije / Escuché que le disparaste a tu mujer / Que la hiciste caer al suelo / Sí lo hice, le disparé / Pues sabes la atrapé tonteando, / Tonteando por la ciudad / Sí lo hice, le disparé / Pues sabes la atrapé tonteando / Tonteando por la ciudad / La encañoné con la pistola y le disparé".

[25] "Temprano, una mañana dando vueltas / Tomé un poco de cocaína y maté a mi mujer (…) La maté porque me hacía molestar / Creí que era su papi, pero tenía cinco más".

[26] "¡Violación! ¡Asesinato! / Están a solo un disparo de distancia, / Están a solo un disparo de distancia".

[27] "Yo solía amarla / pero tuve que matarla / yo solía amarla, mm, sí / pero tuve que matarla / tuve que ponerla seis pies bajo tierra / y todavía puedo oírla quejarse / yo solía amarla, oo, sí / pero tuve que matarla / yo solía amarla, oo, sí / pero tuve que matarla / yo sabía que la echaría de menos / entonces tuve que guardarla / ella esta sepultada en mi patio de atrás ah sí, oo sí, ¡so!, ah sí".

[28] "Mátala, Mátala, Mátala, Mátala / No tiene corazón mala mujer".

[29] "Ella está a tu lado / Un poco fría se volvió / Pero tú la estás amando (…) Cuando cae el remordimiento / Sobre ti, sobre tus manos / Tú sabes cómo te duele / Haberlo hecho / Sin embargo / Ella está a tu lado / Nunca solo te dejó / Ni por un instante / En tu cuarto / Desde que tú la hiciste sufrir / Por su cuello tú la hiciste morir / Y no pudo nada ya decir".

Tacuba (1994)[30], *Ponerte en cuatro* de Los amigos invisibles (1998)[31], *Mátalas* de Alejandro Fernández (2003)[32], *Si te agarro con otro te mato* de Cacho Castaña (2003)[33], *Hey, hey, hey* del grupo Los Tres (2015)[34], entre otras. No obstante, a estos temas musicales también se suman los videoclips con temática femicida, un ejemplo reciente de ello es el cortometraje de la canción *Fuiste mía* del cantante mexicano Gerardo Ortiz Medina (2016)[35].

La pornografía también se convirtió en un mecanismo de reproducción de la cultura femicida, pues en esta ya no solo se reduce a la mujer, se le humilla, se le objetualiza, se le cosifica, sino que además se le violenta físicamente de formas cada vez más directas, grotescas y explícitas. Con frecuencia la pornografía denominada *hardcore* muestra escenas en las que las mujeres son golpeadas brutalmente por múltiples hombres, arrastradas por sus cabellos, pateadas en el piso, sometidas a distintas formas de tortura, colgadas, amarradas, estranguladas, asfixiadas con bolsas plásticas sobre sus rostros,

---

[30] "Tú desprecias mis palabras y mis besos / Pues si quiero hacerte daño, solo falta que yo quiera / Lastimarte y humillarte / Ingrata, aunque quieras tú dejarme / Los recuerdos de esos días, de las noches tan oscuras / Tú jamás podrás borrarte / Por eso ahora tendré que obsequiarte / Un par de balazos pa' que te duela / Y aunque estoy triste por ya no tenerte / Voy a estar contigo en tu funeral". El impacto negativo de esta canción y su contribución a la cultura femicida fue reconocida públicamente en el año 2017 por el vocalista de la banda mexicana Rubén Albarrán, quien afirmó: "Éramos bien jóvenes cuando se compuso y no estábamos sensibilizados con esa problemática como ahora todos sí lo estamos. (…) Creo que es un momento de repensar si la vamos a seguir tocando o si le cambiamos la letra. (…) Mucha gente puede decir que es sólo una canción. Pero las canciones son la cultura, y esa cultura es la que hace que ciertas personas se sientan con el poder de agredir, de hacer daño, de lo que sea" ("Por qué la banda mexicana Café Tacvba ya no va a tocar su popular canción «La ingrata»", BBC Mundo, 23 de febrero 2017).

[31] "Pero ojo ten mucho cuidado / No quiero verte con otro al lado / Si te descubro en alguna movida / Yo no lo pienso y te quito la vida / Y te mato / Y no me arrepiento / Y te diré mira como lo siento".

[32] "Amigo voy a darte un buen consejo / si quieres disfrutar de sus placeres / consigue una pistola si es que quieres / o cómprate una daga si prefieres / y vuélvete asesino de mujeres".

[33] "Si te agarro con otro te mato / te doy una paliza y después me escapo".

[34] "Tráeme la escopeta porque le voy a disparar / Al amor de mi vida que me acaba de traicionar. / Se arrancó con un hombre que ahora es un nuevo galán / Me dejó como un perro y ahora tendrá que pagar. (…) La tierra está mojada con lágrimas que corren por mi ser. / El pavimento rojo con la sangre que voy a hacer correr. / Le dije mil veces que no me abandonara / Y ahora su destino lo decido yo".

[35] En el video musical el cantante mata a su novia tras encontrarla con su amante. De un balazo asesina al hombre y a ella la asfixia, luego mete el cuerpo de la mujer en la cajuela de un automóvil y le prende fuego. El videoclip generó fuertes reacciones por hacer apología al femicidio y se recabaron firmas para que fuese retirado de la plataforma YouTube, lo cual se consiguió en abril de 2016. Posteriormente en el mes de julio fue dictado por un juez un auto de formal prisión contra el cantante, quien fue arrestado por la policía federal mexicana y acusado de hacer apología al delito, pero rápidamente recobró la libertad tras pagar una fianza de 50 mil pesos.

naturalizando la violencia y la tortura como formas para acceder a la excitación y satisfacción sexual.

Pero el carácter femicida de la pornografía ha quedado explicitado sin disimulos en las llamadas películas *snuff*[36], en las cuales "la producción de pornografía resulta en el asesinato de una mujer, por lo general negra o proveniente del Tercer Mundo, a quien con engaños o coerción se la hace participar" (Radford, 2006, p. 37). Estos asesinatos de mujeres durante el rodaje de películas pornográficas cobra formas excepcionalmente cruentas y explícitas siendo apuñaladas, degolladas, desmembradas, mutiladas, desolladas, sus vientres abiertos y sus órganos expuestos; de este modo, mientras las mujeres sufren y agonizan, los hombres gimen, eyaculan y se regocijan de placer.

La industria cultural y el mercado mediático se erigen entonces sobre la figura del asesino en serie, del psicópata, del crimen pasional, de este modo, estos productos culturales construyen y legitiman el imaginario femicida. La industria del videojuego no es la excepción, en estos con frecuencia se hace una representación desigual, discriminatoria, opresiva y arquetípica de la mujer; en su mayoría los personajes femeninos son presentados de forma sexualizada, convertidas en objeto de consumo masculino, principalmente mediante la representación de sus personajes como prostitutas. También se ha hecho común que estas sean víctimas de secuestros y agresiones perpetradas por los personajes masculinos, y cada vez más, víctimas de asesinatos sexuales, sexistas o misóginos, es decir, de femicidios. Un ejemplo de esto son los videojuegos en los que se asesina a las mujeres por simple placer, por desprecio o por distracción, entre estos es posible mencionar: *Postal 2*

---

[36] *Snuff* es el género de películas pornográficas en los cuales las mujeres que las protagonizan son asesinadas de forma real durante la filmación después de haber experimentado múltiples y diversas formas de tortura y mutilación. "Esas películas recibieron el nombre de *snuff* (es la contracción de *snuffout*: apagar) porque las actrices fueron asesinadas (apagadas) ante las cámaras para excitar a los hastiados paladares sexuales de un selecto público adicto a la pornografía, que necesita a la muerte como afrodiasiaco más que al mismo sexo" (Labelle, 2006, 371).

(2003)[37], *Grand Theft Auto V* (2013)[38], *Assassin's Creed: Unity* (2014)[39], entre otros.

Ahora bien, la publicidad es otro de los ámbitos a través del cual se ha bombardeado y saturado a la sociedad de imágenes en las que se naturaliza y celebra la cultura femicida. El sociólogo Erving Goffman (1976), en su ensayo *La ritualización de la feminidad*, denunciaba que los medios –principalmente- a través de la acción publicitaria reproducen roles de género; es decir, la distribución de actividades, conductas y valoraciones arbitrariamente atribuidas a hombres y mujeres con independencia de sus voluntades e intereses individuales. Sin embargo, la publicidad no solo reproduce desigualdades de género, sino que además ha coadyuvado durante décadas en la construcción y difusión de la cultura femicida.

En la publicidad "las mujeres aparecen sofocadas por bolsas de plástico, atropelladas por autos o enterradas en la arena para vender productos como botas, perfumes, medias y zapatos" (Caputi, 2006, p. 413); ejemplos sobran, sin embargo, entre ellos es posible mencionar la publicidad de: Medidor de franqueo Pitney-Bowes (1947)[40], Pantalones Mr Leggs (1962)[41], Calzado para hombres Cesare Paciotti (1999)[42], Monopatines E. R. T. (2001)[43], Zapatos

---

[37] El juego da muestras de excesiva y cruel violencia, entre estas particularmente ha sido denunciada una escena en donde el jugador puede golpear a una mujer en la cara con una pala hasta decapitarla.

[38] En este videojuego las pocas mujeres que aparecen son siempre personajes secundarios, además en la mayoría de los casos aparecen de forma estereotipada y sexualizada, específicamente en la figura de *strippers* o prostitutas. El jugador las asesina con su auto, las mata a golpes en las calles, o puede pagarles para tener sexo con ellas y después matarlas para así recuperar su dinero. En 2014 el videojuego fue retirado de la cadena minorista Target Australia debido a la campaña iniciada por un grupo de mujeres a través del portal Change.org, en este se denunció que: "Es un juego que alienta a los participantes a matar a las mujeres por diversión. Incentiva a cometer violencia sexual contra las mujeres, a abusar de ellas o matarlas para seguir jugando u obtener más puntos".

[39] El videojuego recibió significativas críticas en el año 2014 porque, aunque se ubica históricamente en la Revolución Francesa, no incluyó protagonistas mujeres, sin embargo, en todo el juego aparecen más cabezas decapitadas de mujeres que de hombres.

[40] En este póster aparece un hombre reclamándole a una mujer la cual reacciona con indiferencia. En el encabezado de la página se lee: "Is it always illegal to kill a woman?" (¿Es siempre ilegal matar a una mujer?).

[41] En esta publicidad aparece un hombre de pie a quien solo se ven los pantalones, sostiene en su mano una pequeña pala y a un costado aparece enterrada en arena la cabeza de una mujer. A esta escena le acompaña el texto "Una muestra de afecto es buena… pero suficiente es suficiente. Fue buena idea mantener su cabeza".

[42] En este *flyer* promocional se puede ver a una mujer muerta en ropa interior en unas escaleras a los pies de un hombre, lo que hace pensar fue lanzada por este.

[43] En esta publicidad aparece una mujer inerte acostada sobre una cama boca abajo con la espalda ensangrentada. En primer plano aparece un hombre mirando un cuchillo ensangrentado que sostiene en sus manos, seguido del texto: "…Ya te dije que ahorraras dinero comprando la tabla y los ejes en E.R.T.".

Yimmy Choo (2006)[44], Trajes de hombre Duncan Quinn (2008)[45], Moda femenina Loula (2008)[46], imagen promocional de *The End of the F**king World* para Netflix Latinoamérica (2018)[47], y más recientemente la publicidad del *Shopping* Mariscal López en Paraguay (2018)[48].

---

[44] En la fotografía se muestra un automóvil estacionado en una zona desértica, el maletero abierto en el cual yace el cuerpo sin vida de una mujer, y en el borde del auto es posible ver a un hombre con una pala en la mano que parece descansar del esfuerzo de cavar un hoyo a pocos centímetros de distancia.

[45] En este fotograma aparece un hombre de pie mirando a la cámara y sonriendo levemente, mientras, sostiene en una de sus manos una corbata sujeta al cuello del cuerpo inmóvil de una mujer semidesnuda sobre el capó de un automóvil.

[46] En este afiche aparece el cuerpo inerte de una mujer atado con cuerdas dentro del maletero de un automóvil en lo que parece ser un paraje nocturno solitario.

[47] En este post promocional de la serie "The End of the F**king World" difundida en el *twitter* oficial de la empresa Netflix, aparece la ilustración de una pareja besándose, acompañada de la frase: "Amor es… Besarla aunque quieras matarla".

[48] En el *flyer* difundido en las principales redes del conocido centro comercial, se muestra la imagen de una pasta dental con el envase desmoldado por el uso, junto a unos pétalos de rosa acompañados de la frase: "Amor es: Armarse de paciencia para no cometer un crimen".

Is it always illegal
TO KILL A WOMAN?
PITNEY-BOWES Postage Meter

A display of affection is great . . . but enough is enough. She couldn't keep her hands off him. Always the little hugs, the pats on the cheek. Sly pinches. It could drive a man to the license bureau. It all began when he wore his first pair of **Mr. Leggs** Slacks, tailored by Thomson. But he kept his head; now everything's under control. Why don't you try a pair of **Mr. Leggs** . . . and get ready to dig. Pure wool worsted flannel, $14.95 at better stores.

Get yourself a new pair of **Mr. Leggs**

Good thing he kept his head.

FREE! DOES YOUR GIRL HAVE PERFECT LEGS? SEND FOR OUR LEGG-GAUGE AND FIND OUT! WE'LL ALSO SEND YOU NAME OF NEAREST MR. LEGGS DEALER. SEND NAME AND ADDRESS TO THOMSON CO., DEPT. P, EMPIRE STATE BLDG., N. Y. 1, N. Y.

CESARE PACIOTTI
833 MADISON AVENUE, NEW YORK

... YA TE DIJE QUE AHORRARAS DINERO
COMPRANDO LA TABLA Y LOS EJES EN E.R.T.

E.R.T.

C/ FONTCUBERTA, 10-12, BARCELONA - TEL: 93 205 42 07
VENTA X CORREO. TE ENVIAMOS EL CATÁLOGO.
P.D.: YA ESTÁ A PUNTO DE LLEGAR EL NUEVO SISTEMA DE TABLAS "PERFORMANCE TIP"
DE CHAPMAN SKATEBOARDS.

JIMMY CHOO

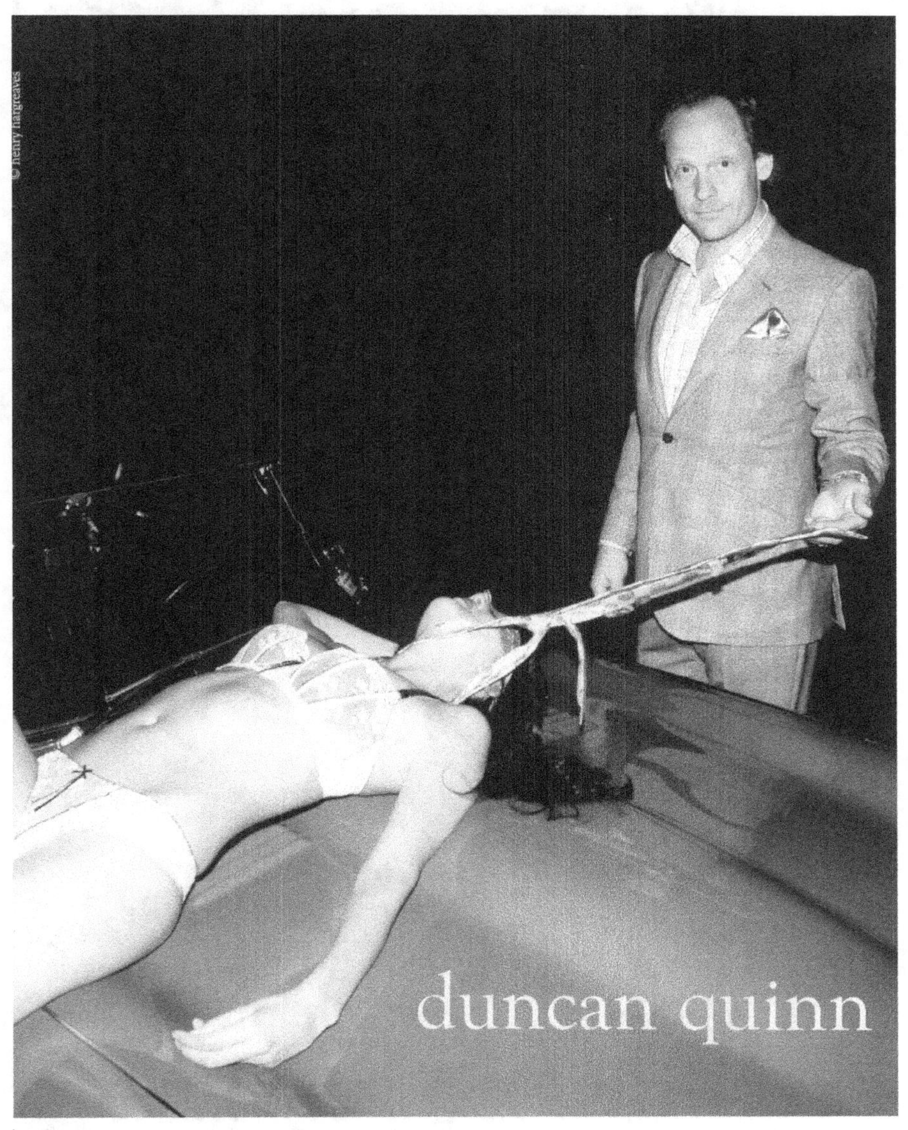
© henry hargreaves
duncan quinn

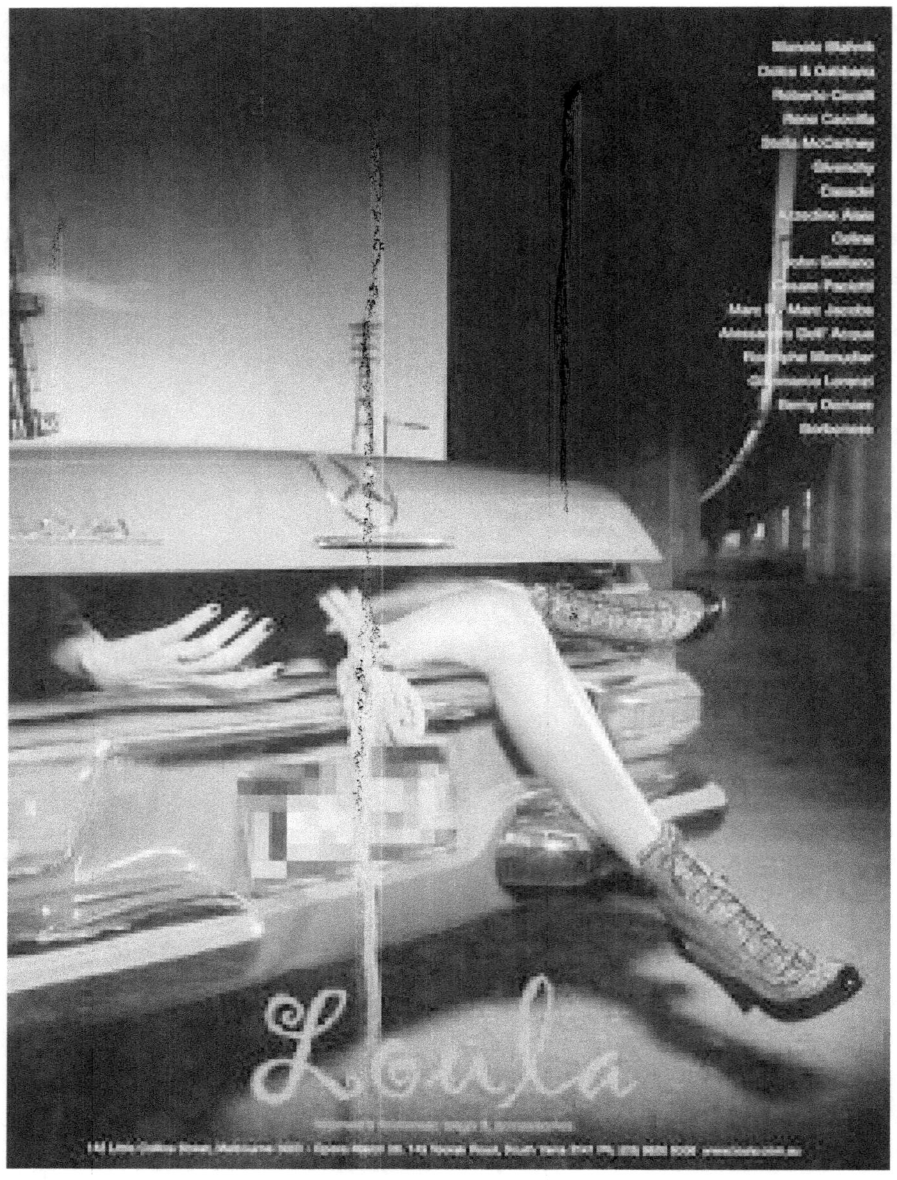

Loula

En la actualidad otro ámbito en el que se naturaliza la muerte de las mujeres a mano de los hombres han de ser los *stand up comedy* o shows de comedia, tanto en aquellos de origen norteamericano como también en el emergente *stand up comedy* latinoamericano. La sátira, la comedia y el chiste se presentan como aparentes des-proveedores de la carga ideológica de estos mensajes, convirtiéndose en el escenario ideal para la realización y legitimación de las apologías al femicidio; estas al desarrollarse en el contexto del "entretenimiento" son socialmente aceptadas y evaden toda responsabilidad y posible sanción social y jurídica a la que estuviesen expuestas si se desarrollasen en otro escenario. Un ejemplo de ello es el breve monólogo del comediante Chris Rock sobre el amor y las relaciones de pareja titulado *Relationships*, en este la violencia contra la mujer es naturalizada como constitutiva de la relación de pareja, y el fenómeno del femicidio -o su posibilidad y consideración- asociado imprescindiblemente al amor[49]. Este imaginario también se encuentra presente en monólogos como el del chileno Felipe Avello en el programa Comedy Central Latinoamérica; presentación en la que el femicidio o la amenaza de su comisión aparece estrechamente asociado al placer sexual[50].

Pero no podía faltar aquí uno de los principales escenarios de producción y difusión de contenidos como lo son las redes sociales. En la actualidad las redes sociales se han constituido en el principal vehículo conductor de las ideas femicidas, las cuales son consumidas sin distingos por niños, adolescentes, hombres jóvenes, adultos y adultos mayores. Una de las formas en las que la cultura femicida se expresa en estas es a través de la conformación de grupos antifeministas de carácter abiertamente misóginos, en los que sus miembros comparten contenidos y comentarios alusivos al deseo de asesinar mujeres por el hecho de ser mujeres. Esta cultura femicida se manifiesta en los comentarios de odio manifiestos por los llamados *haters* (odiadores) en los chats, grupos, publicaciones o videos en las redes sociales, los cuales la más de las veces se realiza bajo el anonimato y la impunidad que estas ofrecen.

---

[49] "Cuando estás casado, quieres matar a tu esposa. Cuando eres soltero quieres suicidarte. ¡Mejor ella que yo! Nadie que haya estado enamorado puede negar eso. Si no has pensado en el asesinato no has estado enamorado. Si no has pensado seriamente en asesinar a esa maldita, no has estado enamorado. Si no has tenido veneno para ratas en tu mano, y los has mirado por 45 minutos, no has estado enamorado. Si no has comprado una pala y una bolsa, y una alfombra para meter su trasero, no has estado enamorado. Si no has ensayado tu coartada en frente del espejo, no has estado enamorado".

[50] "Me casé hace 4 años, y es increíble como cae en la rutina, al poco tiempo cae en la rutina, pero es de ambos lados, yo en mi familia, con mi mujer, hemos caído en la rutina, hemos caído en la rutina, dormimos juntos porque el televisor está en la pieza, única razón. (…) Con mi esposa, ya no tenemos relaciones sexuales hace muchísimo tiempo, 2 años 3 meses, hemos caído en la rutina, y un día dije, ya no más, no vamos a car más en la rutina, fui y compré un arma, de doble cañón, fabricación checa, automática, y llegué a mi casa. Hola mi amorcito, te amo mucho mi amor, besito, te amo mucho mi amor, durmámonos temprano, está haciendo frio, durmámonos temprano, voy apagar la luz, acostémonos, chao mi amor. A eso de las 3 de la mañana, sigiloso, encendí el interruptor, saqué el arma, se lo puse en la sien: Despierta mierda, despierta mierda, y pásame el orto ahora, pásame el orto, ahora, ya! Mi señora, sorprendida, se bajó el calzón asqueroso que usa, un calzón asqueroso, se subió la enagua, una enagua insalubre (…) y yo comencé a tener relaciones sexuales con mi esposa, con la pistola acá [dramatizando que apunta a la cabeza de la mujer], mientras ella era embestida por mi persona, viene y me dice: Don Felipe, Don Felipe, porque me pone una pistola en la sien, si yo siempre te paso el orto como dices tú, no es necesario que me pongas una pistola acá. Si yo se mi amor que siempre me pasas el orto, pero cuando te pongo esto acá, el putito te hace así [simulando contracciones con las manos]".

La cultura femicida ha encontrado gran alcance, aceptación y difusión mediante la figura de los memes[51], en estos se trivializa la violencia contra la mujer, se desestima y minimiza la gravedad e impacto del fenómeno del femicidio, se acepta, se promueve y justifica el asesinato de mujeres, e incluso se amenaza con la comisión de nuevos femicidios; todo esto amparado bajo el velo del chiste, la broma y la comicidad, los cuales "al estar dirigidos y orientados a la producción de diversión serán comprendidos como ámbito no problemático, inofensivo, desprovisto de amenaza, carente de elementos ideológicos" (Pineda, 2015, p. 19).

---

[51] De acuerdo con Gabriel Pérez Salazar "un meme, según Dawkins, que lo trabaja desde 1976, es cualquier elemento dentro de una cultura que se replica en el interior de esta misma unidad cultural. (…) Cuando hablamos del meme en Internet tenemos que hacer una definición un poco más precisa, y entonces nos referimos a unidades culturales que son replicadas dentro de Internet, ya sea por medio de las redes sociales o de cualquier otro entorno virtual. Los memes tienen un sentido social, es decir, son reproducidos en la medida en que llevan a un referente o conducen a que se comparta un significado concreto" ("El significado cultural del meme se propaga con el relajo cibernético", *La Jornada*, 8 de julio 2014).

UN HOMBRE MATÓ A UNA MUJER: ¡CERDO MACHISTA, FEMINICIDIO, PENA DE MUERTE!
UNA MUJER MATÓ A UN HOMBRE: "ES JUSTICIA, DEFENSA PROPIA, POR ALGO LO HABRÁ MATADO"
megenerator.net

SE INTEGRA AL CUERPO DE INTELIGENCIA CONTRA FEMINICIDIOS DE LA POLICIA COLOMBIANA
LE MATAN A SU MADRE

SR. DAME LA
INTEGRIDAD
PARA NO COMETER
FEMICIDIO

SI MATO A UN
TRANSGÉNERO
ES FEMINICIDIO..?

POR QUE LOS FEMINICIDIOS
POR CUERNERAS
NI UNA MENOS
MOTHERFUCKER

NI UNA MENOS ?
VOY A MATAR
LAS QUE ME DE LAS GANAS

TE VOY A DAR
NI UNA MENOS

No habría feminicidios, si no salieran de la cocina

Estos productos culturales a través de sus distintas modalidades y desde sus múltiples narrativas, discursos y representaciones, han contribuido en el pasado y en la actualidad a profundizar, cotidianizar y acelerar la devaluación de la vida de las mujeres; la cual se concreta en la fabricación de nuevas víctimas, y por tanto, de nuevos femicidas.

Capítulo 5

Expresiones y manifestaciones del femicidio en América Latina

El proceso histórico social de la humanidad se ha organizado en torno a múltiples y diversas formas de discriminación, desigualdad y violencia; una de las más persistentes ha sido aquella fundamentada en el género, la cual se ha construido, legitimado y mantenido bajo el amparo de un discurso determinista que apela a las diferencias biológicas entre hombres y mujeres para justificar las desigualdades políticas, económicas, sociales y culturales. Aunque estos argumentos han perdido alcance y las mujeres han ido modificando de manera lenta pero progresiva su situación social, aún se enfrentan a limitaciones en lo que desde la CEPAL (2016) se ha denominado la autonomía económica, la autonomía en la toma de decisiones y la autonomía física.

En este contexto, la violencia por razones de género continúa siendo una de las formas de discriminación y desigualdad más frecuente y de mayor impacto en la vida de las mujeres. A nivel mundial son víctimas de repetidas y sistemáticas formas de violencia por razones de género, pero sobre todo, de la violencia en su modalidad más extrema, como lo es el femicidio. En el caso de América Latina el asesinato de mujeres por el hecho de ser mujeres ha alcanzado altos índices de ocurrencia, aceptación y permisividad social, al mismo tiempo que se constituye como uno de los delitos con mayores niveles de impunidad; esto lo convierte sin lugar a dudas en un coctel letal para las mujeres, cuyas vidas se ven permanentemente amenazadas por el sexismo y la misoginia.

Así ha quedado en evidencia con las cifras oficiales disponibles en 15 países de América Latina, las cuales dan cuenta de que entre los años 2010 y 2016 han sido asesinadas por motivos de género un total de 7227 mujeres. Esto equivale a 1204 mujeres al año, 100 al mes y 3 al día; es decir, la violencia contra la mujer en la región se ha convertido en lo que Eugenio Zaffaroni (2011) define como una "masacre por goteo".

Cuadro 1. Número absoluto del total de femicidios por país entre 2010 y 2016 en América Latina

País	2010	2011	2012	2013	2014	2015	2016	Total
Argentina					225	235	254	714
Bolivia				25	69	110	104	308
Chile	49	40	34	40	40	45	34	282
Colombia	125	130	139	88	145	81	128	836
Costa Rica	31	42	26	18	24	27	26	194
Ecuador					19	26	72	117
El Salvador				98	183	351	349	981
Guatemala	205	245	246	300	209	209	210	1624
Nicaragua				42	38	19	10	109
Panamá					26	29	19	74
Paraguay		14	24	5	26	23	39	131
Perú	139	123	122	110	99	93	100	786
República Dominicana	97	128	103	71	93	77	88	657
Uruguay			20	22	13	26	16	97
Venezuela					74	121	122	317
Total	646	722	714	819	1283	1472	1571	7227

Este hecho demuestra que, aunque "las mujeres tienen menos probabilidad de ser víctimas de homicidio que los hombres en virtualmente todas las sociedades" (Gartner, Dawson y Crawford, 2006, p. 319), tienen altas probabilidades de ser asesinadas por su género, es decir, víctimas de femicidio. De acuerdo a ello, en la región mientras que se mantiene una baja tasa de homicidios de mujeres producidos por otras circunstancias ajenas al género, coexiste una alta tasa de femicidios.

Pero prevenir, atender, sancionar y erradicar el asesinato de mujeres por el hecho de ser mujeres, pasa necesariamente por comprender y caracterizar este fenómeno. ¿Cómo se manifiesta el femicidio en América Latina? ¿Qué caracteriza este fenómeno que institucionaliza la muerte de las mujeres a manos de los hombres? ¿Quiénes son sus principales víctimas y en qué circunstancias fueron asesinadas? ¿Dónde suelen ser cometidos estos crímenes? ¿Con que armas o instrumentos son perpetrados los femicidios? ¿Quién o quiénes son los femicidas? Son estas algunas de las interrogantes a dilucidar en este capítulo, a partir de las estadísticas disponibles de 15 países de América Latina que sistematizan la información sobre los femicidios cometidos entre los años 2010 y 2016.

Aunque el asesinato de niñas y adolescentes pocas veces son reseñados o investigados como femicidios, ellas también suelen ser víctimas de femicidio en la región, principalmente de femicidio sexual[1]. Este tipo de femicidios con frecuencia son consecuencia del abuso sexual infantil incestuoso o extra familiar; es decir, cuando una menor de edad es asesinada por razones de género es muy probable que el crimen haya sido cometido por los integrantes masculinos directos o indirectos de la familia, así como, por amigos de la familia que frecuentan el hogar. Los hombres suelen abusar y matar a las niñas y adolescentes cuando son dejados solos con ellas o cuando estas son dejadas bajo su cuidado y supervisión[2].

No obstante, la mayor cantidad de víctimas del delito de femicidio en Latinoamérica se concentran en el grupo etario que comprende entre los 18 y los 49 años de edad: Argentina (66%), Chile (82%), Costa Rica (79%), Ecuador (91%), Panamá (81%), Perú (82%), Uruguay (77%) y Venezuela (69%). Si bien todas las mujeres se encuentran en riesgo de ser victimizadas, este riesgo aumenta en la medida en que pasan a formar parte del grupo de mujeres en edad reproductiva[3] y por tanto de unirse en pareja, es decir, "las

---

[1] Si bien no es posible generalizar debido a la poca información estadística disponible sobre los femicidios específicamente cometidos contra niñas y adolescentes, durante la realización de la serie de 7 artículos de investigación de mi autoría titulada "Horror con rostro de mujer: El femicidio en la sociedad venezolana" realizada en el año 2017 y publicada en el portal informativo Contrapunto en Venezuela, pude aproximarme a las características de este tipo de crímenes. Gracias al proceso de sistematización de los casos reseñados en prensa entre enero de 2015 y noviembre de 2017, pude tener conocimiento de que, 39 de las 167 víctimas de femicidio reportadas en este periodo fueron abusadas sexualmente, es decir, 23,3% de los casos califican como femicidio sexual. Sin embargo, 22 de estas, 56,4%, eran menores de edad y en la mayoría de los casos fueron violadas y asesinadas por un familiar (padre, padrastro o tío), o por un conocido (amigo de la familia o vecino). Este hecho pone en evidencia los altos índices de vulnerabilidad de las niñas y adolescentes en una sociedad desigual.

[2] En el caso de las niñas de meses o primeros años de vida suelen morir como consecuencia de traumatismos producidos por el abuso sexual.

[3] Aunque suelen ser invisibilizadas en las estadísticas y los análisis, las mujeres ancianas o de la tercera edad también son víctimas de femicidio, por parte de sus parejas, pero también víctimas de femicidios sexuales perpetrados por algún miembro masculino de su grupo familiar (incestuosos), o durante la comisión de delitos contra la propiedad.

mujeres corren mayor riesgo en casa y están bajo una alta amenaza de sus seres 'queridos'" (Campbell, 2006, p. 232).

Esto significa que en América Latina el principal riesgo de muerte para una mujer es estar unida en pareja, por lo tanto, vale decir que existe una prevalencia del femicidio íntimo. Según los datos recabados, estos delitos son cometidos en primer lugar por la pareja de la víctima: novio, esposo, concubino, o amante (Argentina 58,8%), (Chile 77%), (Costa Rica 34,7%), (Ecuador 55,5%), (Perú 63%), (Uruguay 60,3%), y en segundo lugar por exparejas: ex novios, ex esposos, ex concubinos y ex amantes (Chile 21,3%), (Costa Rica 21,4%), (Ecuador 28,8%), (Perú 17,6%), (Uruguay, 39,8%). Además las estadísticas muestran que la mayoría de los casos ocurren en el domicilio donde la víctima convivía con el agresor (Chile 60,3%), (Perú 31,8%), (Uruguay 43%), seguido del domicilio de la víctima (Chile 12,5%), (Perú 13,9%), (Uruguay 25%). Esto permite determinar que el lugar de mayor riesgo para una mujer es la vivienda que comparte con su pareja o algún familiar y la residencia propia; aunque también algunos de estos crímenes son consumados en espacios públicos donde el femicida suele citar amistosamente a la víctima (Chile 14,5%), (Perú 24%), (Uruguay 19,8%).

En lo que respecta al arma o modalidad empleada para la comisión del delito de femicidio no es posible establecer generalizaciones, en algunos países en estudio el empleo de armas blancas es la más común (Chile 50%), (Ecuador 49%), en otros alcanza mayores porcentajes la suma de diversas modalidades para la comisión del crimen como la asfixia, el estrangulamiento, los golpes y el envenenamiento (Costa Rica 45%), (Perú 56%). Por su parte, aunque en la mayoría de los países el arma de fuego no es la más empleada en la perpetración de los femicidios (Chile 19,3%) (Costa Rica 25,6%), (Ecuador 4%), (Perú 15%), en otros países tiene una gran presencia en estos delitos (Panamá 35%) (Uruguay 55%). Así mismo, prácticas como la decapitación, el desmembramiento y el descuartizamiento comienzan a ponerse en práctica en los femicidios de países como Venezuela[4].

---

[4] No existen fuentes oficiales que den cuenta de este fenómeno, sin embargo, el mismo fue registrado en la serie de 7 artículos de investigación de mi autoría titulada "Horror con rostro de mujer: El femicidio en la sociedad venezolana" realizada en el año 2017. Debido a la ausencia de información oficial, la poca credibilidad, imprecisiones y falta de fundamentación de los datos sobre femicidios presentados por fuentes no oficiales y reportajes de los medios de comunicación, procedí a la revisión y sistematización de los femicidios perpetrados durante los años 2015, 2016 y 2017, mediante fuentes secundarias de información, es decir, reseñados en diversas fuentes de información impresas y digitales venezolanas para su posterior sometimiento a un análisis de carácter cualitativo y cuantitativo. En este proceso de investigación de los casos de femicidios reseñados en prensa entre enero de 2015 hasta el 25 de noviembre de 2017, fue posible hallar un total de 167 casos de asesinatos de niñas, adolescentes y mujeres por su condición de género, de esta, 8 casos, 4,7% de las mujeres victimizadas fueron descuartizadas o decapitadas.

Los registros también juegan un rol fundamental porque permiten superar y trascender las tradicionales interpretaciones clasistas de este fenómeno; este tipo de crímenes ocurren en cualquier zona geográfica con independencia de la condición de urbanidad o ruralidad de la misma, así como, de la clase social de sus perpetradores y víctimas. Sin embargo, las cifras permiten evidenciar altos niveles de incidencia de femicidios en las zonas que condensan más población y grados de urbanidad; generalmente ocurren en la capital o principales ciudades de los países en estudio, por ejemplo: Buenos Aires (Provincia y Ciudad Autónoma) en Argentina (45%), Región Metropolitana de Santiago en Chile (57%), Ciudad de Panamá en Panamá (46%), Lima (Provincia y Región) en Perú (31%), Área Metropolitana de Caracas, y Estados Carabobo, Miranda y Zulia en Venezuela (43%). Una excepción la constituye Uruguay donde el número de femicidios es mayor en el interior del país (64,5%) en relación a Montevideo (40%).

Pero el femicidio contrario a la narrativa tradicional no es un hecho inesperado o fortuito, en cambio, es el resultado de un *continuum* de formas de violencias contra la mujer, las cuales generalmente han sido obviadas y desatendidas. De acuerdo a los datos examinados fue posible constatar que algunas de las víctimas de femicidio ya habían denunciado al agresor (Argentina 19%), (Uruguay 20,6%), mientras que otras contaban incluso con medidas de protección vigentes (Chile 14%). Es decir que, "en una porción sustancial de estos feminicidios íntimos, entonces, había claras señales de peligro que precedían al asesinato, señales que estaban disponibles para quienes deberían haber sido capaces de intervenir para prevenir el crimen" (Gartner, Dawson y Crawford, 2006, p. 323).

En lo que refiere a la sanción de estos delitos, la mayoría de los casos se encontraban en fase de investigación (Argentina 41,8%), (Bolivia 72%), (Ecuador 28,8%), (Panamá 55,1%) o juicio (Argentina 29,5%), (Ecuador 57,7%), (Panamá 27,5%); muy pocos han logrado sentencia condenatoria (Argentina 8%), (Bolivia 23%), (Guatemala 13,5%). Así mismo, posterior a la comisión del crimen algunos de los femicidas toman la decisión de suicidarse como un mecanismo de evasión de la justicia (Argentina 18%), (Bolivia 4,8%), (Chile 27,6%), (Ecuador 13%), (Panamá 6,8%).

Empero -como ya se ha señalado antes-, los femicidios no solo victimizan a las mujeres, estos pueden ser considerados crímenes expansivos, en los cuales suelen haber víctimas secundarias. Entre estas se contabilizan a las personas enfermas o ancianas bajo el cuidado de las mujeres asesinadas, los hijos e hijas mayores de 18 años cursando estudios o en condición de discapacidad, pero sobre todo, los niños, niñas y adolescentes quienes pierden a sus madres, representantes o responsables. De acuerdo a los registros oficiales sistematizados por los órganos de competencia, de los años en estudio se contabilizan como víctimas secundarias de estos delitos a 591 niños y adolescentes en Argentina, 346 en Chile y 41 en Uruguay; estos tras la ocurrencia del femicidio no solo se enfrentan al sufrimiento de la orfandad y el desamparo familiar, sino que también son sometidos a la violencia institucional y la ausencia de garantía de derechos por parte de las instituciones del Estado.

Capítulo 6

La sanción del femicidio: prejuicio, burocracia y negligencia

El femicidio en el pasado y en la actualidad ha ocurrido y ocurre porque la sociedad organizada en torno a relaciones de género asimétricas asume como inferiores, prescindibles y descartables las vidas de las mujeres con respecto a las vidas de los hombres. Esta valoración diferenciada explica por qué, ante el asesinato de los hombres se buscan culpables y justicia, pero ante los crímenes cometidos contra las mujeres se buscan justificaciones. El femicidio es entonces una consecuencia de la subvaloración social de la mujer, por ello, mientras que esta concepción no sea superada el femicidio no podrá ser erradicado; hasta entonces, apenas solo podrá ser sancionado.

Sin embargo, incluso la sanción del femicidio es relativa, está en cuestión, sea mística, jurídica, moral o satírica (Maunier, 1938)[1], pues, la violencia femicida de los hombres está ampliamente aceptada y legitimada, no solo por parte de aquellos cercanos al agresor, la población en general o los medios de comunicación; sino también por parte de los funcionarios, operadores e instituciones del sistema de justicia, garantes de sancionar los crímenes cometidos contra las mujeres por el hecho de ser mujeres.

En muchas oportunidades las denuncias de las mujeres amenazadas, violentadas o en evidente riesgo de femicidio han sido desatendidas, obviadas, ignoradas, postergadas e incluso explícitamente rechazadas. En algunos organismos los operadores de justicia se niegan a recibir las denuncias realizadas por las mujeres victimizadas; y en otros los funcionarios cargados de prejuicios sexistas -ante la ausente perspectiva de género, formación y

---

[1] La sanción según René Maunier (1938) puede ser mística (excomunión, maldición, penitencia, inclusión en el índex), jurídica (pena o reparación civil), moral (reprobación, censura) o satírica (bromas, risas, burlas).

sensibilización en la materia- mandan a las mujeres a sus casas, les recomiendan "contentar a su marido", "hacerle una buena comida", e incluso se les exhorta a "darle un cariñito" y "calentar a ese hombre para suavizarlo"[2].

> El riesgo tan alto que corren las mujeres que viven en familias heterosexuales puede explicarse en parte por las dificultades que enfrentan cuando quieren dejar a un compañero violento. Las agencias encargadas de hacer cumplir la ley, al igual que la gente no feminista, están más dispuestas a ayudar a una mujer que fue atacada por un extraño que a una agredida por el esposo o compañero. El supuesto, ampliamente extendido, según el cual la violencia doméstica es un asunto privado que la mujer provoca y la conjetura de que la mujer es propiedad de su esposo, contribuyen a la prevalencia de esta forma de femicidio (Radford, 2006, p. 49).

Este hecho se hace manifiesto cuando ante la indagación en los casos de las mujeres asesinadas se halla que muchas de ellas ya habían realizado denuncias a sus agresores por amenazas o violencia de género; incluso algunas de ellas habían denunciado a sus agresores en más de una oportunidad, pero, las autoridades no tomaron las medidas necesarias, no siguieron los protocolos de actuación, ignoraron las alertas, en definitiva, el sistema de justicia fue incapaz de protegerlas. Pero esta desprotección de las mujeres víctimas de violencia por razones de género se hace más profunda aún después de cometido el femicidio; ni tras la consumación de lo que se pudo evitar existen garantías en lo que refiere la obtención de justicia, situación que contribuye a naturalizar y permisar los asesinatos sexistas y misóginos.

En este contexto, los prejuicios sexistas, misóginos, racistas, clasistas y lesbo-trans-fóbicos que anidan en algunos operadores de justicia hacen gala durante la fase de investigación de los femicidios; es común que estos actúen con apatía e indiferencia, realizando averiguaciones de manera parcial, incompleta y confusa. Según el *Modelo de Protocolo Latinoamericano de Investigación de las Muertes Violentas de Mujeres por Razones de Género (Femicidio/ Feminicidio)*, varias instituciones internacionales han llamado la atención sobre las deficiencias e irregularidades que presentan muchas de las investigaciones y los procesos judiciales abiertos en casos de violencia contra la mujer, y en particular en casos de muertes violentas, entre estas señalan:

---

[2] La violencia institucional y la revictimización de las mujeres por parte de las instituciones de justicia socavan su confianza en dichas instituciones y sus actuaciones, esto impide que muchas de ellas denuncien la violencia de la que son víctimas o continúen con los procesos; además, ante la realización de las denuncias y la incapacidad e ineficacia del Estado para garantizar el derecho a una vida libre de violencia, muchas mujeres se enfrentan a una profundización de su situación de desprotección, indefensión y riesgo ante sus agresores.

1. La utilización por los operadores judiciales de prejuicios, estereotipos y prácticas que impiden, entre otros factores, el ejercicio de
   los derechos a la justicia y a la reparación por parte de las mujeres
   víctimas de violencia;

2. Las demoras en la iniciación de las investigaciones;

3. La lentitud de las investigaciones o la inactividad en los expedientes;

4. Las negligencias e irregularidades en la recolección y práctica de las
   pruebas y en la identificación de las víctimas y de los responsables;

5. La gestión de las investigaciones por parte de autoridades que no
   son competentes e imparciales;

6. El énfasis exclusivo en la prueba física y testimonial;

7. La escasa credibilidad conferida a las aseveraciones de las víctimas
   y sus familiares;

8. El trato inadecuado de las víctimas y de sus familiares cuando pro-
   curan colaborar con la investigación de los hechos;

9. La pérdida de información;

10. El extravío de partes de los cuerpos de las víctimas bajo la custodia
    del Ministerio Público;

11. La ausencia de análisis de las agresiones contra las mujeres como
    parte de un fenómeno global de violencia de género.

12. A esto se suma que, funcionarios cargados de prejuicios y estereoti-
    pos sexistas realizan declaraciones prejuiciadas y prejuiciosas sobre
    la víctima y la investigación ante los medios de comunicación, los
    canales de información formales de la institución[3], o filtran a los

---

[3] Un ejemplo de ello es el tratamiento dado por las autoridades al caso de Lesby Berlín Osorio
Martínez, la joven de 22 años asesinada en el mes de mayo de 2017 en la Universidad Nacional
Autónoma de México (UNAM). Su cuerpo fue hallado suspendido con un cable telefónico
atado al cuello dentro de una cabina pública en las instalaciones de Ciudad Universitaria, ante
el terrible crimen la Procuraduría General de Justicia de la Ciudad de México activó el protocolo

medios información sensible de la investigación, postura parcializada que se configura como una limitación en la actuación y posterior otorgamiento de justica. Asimismo, durante el proceso de investigación, según B. E. Turvey (1999) es común que estos funcionarios asuman dos tendencias frente a la víctima:

a. La "deificación de la víctima", que hace referencia a su idealización. La víctima pasa a ser valorada por algunas de sus circunstancias vitales, como por ejemplo ser joven, pertenecer a una familia de estatus elevado, estar estudiando en la universidad, ser solidaria, etc. Esta idealización puede descontextualizar el crimen y dificultar la investigación al alejarla de las circunstancias reales de su comisión.

b. El "envilecimiento de la víctima", que es lo contrario. Las características de la víctima hacen que sea considerada como propiciatoria o merecedora de lo ocurrido. Se piensa que determinados crímenes solo les ocurren a ciertas personas que llevan modos de vida diferentes, que pertenecen a determinados grupos étnicos, que tienen ciertas creencias religiosas, que son de algunos grupos sociales, que tienen nivel económico bajo, que consumen drogas, que exteriorizan una orientación sexual distinta, etc.

El carácter misógino del sistema de justicia también se hace presente cuando fiscales, jurados y jueces disminuyen las responsabilidades penales o exoneran a los agresores sobre la base de atenuantes que privilegian el "honor" masculino, y que condenan a las mujeres por aspectos reales o supuestos como la infidelidad, la independencia o la libertad sexual.

Si las mujeres son más inteligentes, más fuertes y más independientes que los hombres con los que tienen relaciones, y si se niegan a ser controladas por esos hombres inadecuados, la ley las considera responsables de sus propias muertes. La fuerza y la independencia de las mujeres se interpretan como actos deliberados de provocación, que disminuyen la responsabilidad de los hombres hacia su violencia (Radford, 2006, p. 447).

---

del feminicidio, sin embargo, esta institución antes de iniciar la investigación ya había dado con el culpable: la víctima. La cuenta de *twitter* oficial de esta institución @PGJDF_CDMX fue el medio a través del cual se procedió a revictimizar a la víctima y en varias publicaciones se pudo leer: "#InformaPGJ El día de los hechos, la pareja se reunió con varios amigos en CU, donde estuvieron alcoholizándose y drogándose", "#InformaPGJ Su madre y novio aseguraron que ella ya no estudiaba desde 2014, y dejó sus clases en CCH Sur, donde debía materias", entre otros *tuits* en los que se expuso la intimidad y "estilo de vida" de la mujer.

Las instituciones llamadas a sancionar los delitos cometidos contra las mujeres contribuyen a la institucionalización y legitimación del femicidio cuando actúan con laxitud y de manera ineficiente ante la persecución de dichos crímenes, pero también cuando liberan a los presuntos responsables o les son aplicadas penas menores. Algunos jueces en el contexto de la empatía patriarcal o la falocracia optan por aplicar medidas sustitutivas de la privativa de libertad como el régimen de presentación, mientras que otros se inclinan por otorgar beneficios procesales a los femicidas tras cumplir algunos años de condena y dar muestras de buen comportamiento, entre estos destacan las salidas transitorias, la libertad condicional e incluso la libertad plena[4]; no

---

[4] Al respecto existen varios ejemplos: 1) el caso de Víctor Colmenares Lupión, quien en 1993 violó y asesinó a Marisol Da Silva Vieira, una modelo de 22 años de edad atacada en el Parque Nacional El Ávila en Venezuela cuando realizaba su rutina diaria de ejercicios; el cadáver fue hallado con cinco puñaladas, signos de estrangulación, violación y estaba amordazada. Por este crimen el hombre fue condenado a 30 años de prisión de los cuales solo pagó condena por 18 años, le rebajaron la pena de 30 años a 25 por una modificación del Código Penal y luego le restaron otros 7 años por trabajo y estudio. Pero a tan solo un mes de su excarcelación en 2011 fue nuevamente privado de libertad acusado de violencia sexual agravada contra una mujer de 21 años, el hombre empleó un arma blanca para cometer el hecho punible y la víctima se lanzó desde la ventana de un primer piso para escapar del hombre ("Nuevamente tras las rejas Víctor Colmenares Lupión, acusado de violencia sexual agravada", *Noticiero Digital*, 2 de junio de 2011). 2) El caso de Eswin Esteban López Bran, quien en el año 2009 en Guatemala atacó a su esposa Mindy Rodas Donis de 23 años. El hombre la golpeó en la cabeza con una piedra, le cortó la frente, la nariz, los labios y el mentón. Al darla por muerta, le quitó la ropa, los zapatos, el teléfono celular, el bolso y la dejó abandonada a la orilla de un río en Casillas, Santa Rosa. La víctima no murió y fue reiteradamente amenazada para que desistiera de la denuncia. Días después el juez penal de Santa Rosa, Amílcar Colindres, consideró que sus lesiones eran "leves", lo que permitió al agresor obtener la libertad bajo fianza. La Fundación Sobrevivientes tomó el caso y consiguió que se modificara el delito de "lesiones graves" a "femicidio en grado de tentativa" por lo cual el agresor regresó a prisión, sin embargo, en 2010 el cuerpo de Mindy fue hallado torturado y estrangulado ("Mindy Rodas: cercenada, amenazada, ignorada y... ¡asesinada!", *Globedia*, 01 de mayo de 2011). 3) También destaca el caso del argentino Sebastián Wagner, quien en 2012 había sido condenado a nueve años de prisión por varios delitos de violación. En julio de 2016 el juez Carlos Alberto Rossi le otorgó la libertad condicional por buena conducta, sin embargo, en abril de 2017 -tan solo unos meses después de su puesta en libertad-, el hombre secuestró, violó y asesinó a Micaela García de 21 años de edad ("Indignación en Argentina por el asesinato de Micaela García", *CNN Latinoamérica*, 10 de abril de 2017). 4) Finalmente es posible considerar aquí el caso de Lucía Pérez, la adolescente argentina de 16 años brutalmente violada y empalada por 3 hombres en 2016, de los cuales a 1 de ellos, Alejandro Maciel, detenido por el crimen y acusado de "encubrimiento agravado", durante 2017 le fue otorgada por el juez de Garantías Gabriel Bombini la medida de arresto domiciliario. La resolución del magistrado se fundamentó en que "es adicto y va a recuperarse a una ONG Vida Digna, en la calle Tres Arroyos N° 78 que es de puertas abiertas" ("Le dieron prisión domiciliaria al encubridor del asesinato de Lucía Pérez", diario *La Nación*, 15 de agosto de 2017). Sin embargo, esta violencia patriarcal y femicida estatal alcanzaría su máxima expresión el pasado 26 de noviembre de 2018 cuando absolvieron a todos los acusados. Una sentencia decidida en El tribunal de Mar del Plata, integrado por tres hombres, los jueces Facundo Gómez Urso, Aldo Carnevale y Pablo Viñas, resolvió condenar a

obstante, ante estos hechos algunas investigadoras, defensoras y activistas afirman que "la liberación de quienes han matado a sus esposas equivale a conceder una licencia para matar" (Radford, 2006, p. 508)[5].

Así mismo, otra de las formas en las que actúa el patriarcado en el sistema de justicia es patologizando a los femicidas en serie y a los femicidas masivos; estos con frecuencia son desprovistos de sus responsabilidades penales bajo el alegato de trastornos e incapacidad mental. En la mayoría de los casos se afirma que este tipo de asesinos tenía problemas psicológicos, se le describe como poco sociable y solitario, se afirma que sufría de depresión, problemas de ira o ansiedad, se especula sobre si el agresor en su infancia pudo haber sido objeto de maltrato o abuso sexual, se insiste en que padecía depresión o pensamientos suicidas, se hace referencia a su historial de alcoholismo o abuso de sustancias, se asocia a los tiradores con síndromes como el asperger o autismo, se afirma que presentaba algún tipo de enfermedad mental como psicopatía, esquizofrenia paranoide, trastorno bipolar; es decir, los agresores suelen ser desprovistos de responsabilidad y presentados como unas víctimas de sí mismos, de sus circunstancias y de los demás, hechos en su conjunto que desde esta perspectiva probablemente precipitaron la comisión de los asesinatos en serie o en masa. Partiendo de este criterio, son sentenciados a cumplir sus condenas en centros psiquiátricos, en los cuales la más de las veces logran evadir el carácter misógino de los asesinatos perpetrados.

Estos hechos en su conjunto, como bien afirmasen Jill Radford y Diana Russell (1992) en su libro *Femicidio: La política del asesinato de mujeres*, envía

---

Matías Farías y Juan Pablo Offidani a solo 8 años de prisión y una multa de 135 mil pesos por el delito de "tenencia y comercialización de estupefacientes, agravado por su venta a una menor de edad y en jurisdicción de una escuela", mientras que Alejandro Maciel fue absuelto por el delito de encubrimiento. Los jueces en un ejercicio de empatía patriarcal y revictimizando a quien ya no puede defenderse, afirmaron que no hubo lesiones compatibles con agresión sexual, que la personalidad de Lucía no era sumisa sino fuerte, "que Lucía tenía relaciones sexuales con quien y cuando quería", y que "esa desigualdad entre hombre y mujer, esa asimetría en la relación de poder, no se hallan presentes en este caso. Acá no ha existido ni violencia física, psicológica, subordinación ni humillación ni mucho menos cosificación". Pese a que la víctima era menor de edad, los acusados le proveyeron drogas y la superaban en cantidad, los jueces consideraron que en el caso no existieron relaciones de poder, ni violación, ni menos aún femicidio, por el contrario, sentenciaron que "todo se dio en un marco de normalidad y naturalidad, todo fue perfectamente querido y consentido por Lucía Pérez" (""Lucía tenía sexo con quien quería" y otras frases para negar un femicidio", Cosecha Roja, 27 de noviembre de 2018).

[5] ¿Es posible la rehabilitación de los agresores por motivos de género y los femicidas? ¿Cuántos de los femicidas al salir de prisión vuelven a cometer este delito? ¿Este delito al estar ampliamente institucionalizado y socialmente aceptado tiene más posibilidades de reincidencia que otros? No poseo las respuestas a estas interrogantes, son arrojadas aquí con la esperanza de que sean recogidas y retomadas por otros investigadores en futuros procesos de investigación, los cuales desde una perspectiva crítica, rigurosa, metodológica, pero sobre todo desprejuiciada proporcionen insumos que permitan fortalecer y profundizar la discusión.

a las mujeres el mensaje de "salte de la línea y te puede costar la vida", y para los hombres "puedes matarla y seguir tan campante".

Muerte, amarillismo y *rating*: el tratamiento del femicidio en los medios de comunicación

Una de las grandes dificultades a la que nos enfrentamos en lo que refiere a la prevención, sanción y erradicación del femicidio, es el tratamiento que los medios de comunicación hacen de este tipo de crímenes. El abordaje mediático de estos casos impacta sobremanera las posibilidades de acceso a la justicia, pero también en la justificación, normalización y repetición de estas formas de violencia, por consiguiente, los medios de comunicación tienen una influencia prácticamente directa en la disminución o el aumento de este problema.

Los medios de comunicación, información y difusión masiva actúan sobre el fenómeno del femicidio en varios niveles, el primero de ellos es desde una clara línea editorial, pues -en una sociedad donde la mayoría de los directivos de los medios de comunicación siguen siendo hombres-, en estos no existe interés en el abordaje de estos fenómenos, menos aún desde una perspectiva de género[1]. En los medios el asesinato de las mujeres siempre es considerado insignificante, por lo cual, algunos de ellos no reciben ninguna cobertura periodística o la cobertura es limitada, y cuando esta se realiza es apenas incorporada en pequeños espacios dado que no constituyen una prioridad mediática ni social.

---

[1] La investigación Global Media Monitoring Project 2010 en la que participaron más de 100 países se encontró que solo un 27% de los cargos de alta dirección en los medios de comunicación están ocupados por mujeres, solo 1 de cada 4 noticias son sobre mujeres, y al menos un 46% de las noticias en prensa, radio y televisión refuerzan estereotipos de género. Este estudio además refleja que si bien algunos medios de comunicación destacan la igualdad de género en las noticias y la producción de sus contenidos, estos solo representan el 6% a nivel mundial.

Los medios de comunicación reportan únicamente algunos de los casos que consideran más sensacionales o escandalosos, y se le da más espacio en la agenda a algunas víctimas que a otras: "si no son jóvenes, blancas y de clase media, es posible que sus homicidios pasen desapercibidos para la prensa" (Domingo, 2006, p. 393). Los asesinatos de mujeres negras[2] e indígenas[3] son obviados e invisibilizados por los medios de comunicación en

---

[2] Muchos de estos femicidios dirigidos contra las niñas y mujeres afroamericanas pudieran evitarse por ejemplo cuando desaparecen, sin embargo, estos casos son explícitamente desatendidos por los medios de comunicación, los cuerpos de seguridad y las instituciones de justicia. Cuando desaparece una niña o mujer blanca los medios son saturados de información, entrevistas a familiares, amigos, allegados, compañeros de estudio y de trabajo, programas especiales, seguimiento de las búsquedas y pistas, cobertura que puede prolongarse durante meses. A este fenómeno la periodista Gwen Ifill le denominó *missing white woman syndrome* (síndrome de la mujer blanca desaparecida), el cual supone que las niñas y mujeres blancas de clase media-alta reciben una cantidad desproporcionada de la cobertura de prensa en comparación con las mujeres y las niñas negras, los pobres y los hombres. Además de ello, cuando una niña o mujer blanca desaparece, la colectividad se involucra, se realizan vigilias, actividades de recolección de fondos y búsquedas organizadas por la comunidad (a las que incluso se suman voluntarios influenciados por el conmovedor tratamiento de los medios aunque no conocieran a la víctima). Ante la desaparición de niñas y mujeres afroamericanas los medios nacionales y de gran audiencia dan poca cobertura (si es que la dan), la mayoría nunca son denunciadas o visibilizadas. La ausencia de niñas y mujeres racializadas pasa desapercibida, es apenas reseñada por medios locales o aquellos dirigidos al público afroamericano; escenario ante el cual la misma comunidad y las organizaciones no gubernamentales de afroamericanos se ven obligados a iniciar campañas de divulgación en Internet, impresión de fotografías, distribución de volantes en las calles, entre otras iniciativas que permitan hallar a quienes han desaparecido ante la indiferencia racista. El segundo aspecto a considerar es el abordaje de la policía, los procesos de investigación y búsqueda de niñas y mujeres blancas pueden extenderse por meses e incluso años, mientras que las pesquisas dirigidas a niñas y mujeres afroamericanas pueden durar solo días y semanas; con frecuencia se desestiman y cierran los casos, imperando la impunidad contra los delitos cometidos contra esta población. Así mismo, los cuerpos policiales con frecuencia se niegan a generar una alerta ámbar ante la desaparición de los afroamericanos, arguyendo en la mayoría de las oportunidades que los casos no cumplen con los criterios para su activación. Entre los criterios para la activación de una alerta ámbar destacan: 1) la policía tiene suficientes razones para considerar que ha ocurrido un secuestro; 2) la agencia de policía cree que la víctima está en peligro inminente de lesiones corporales graves o la muerte; 3) existe suficiente información descriptiva sobre la víctima y el secuestro que pueda ayudar en la recuperación; 4) el secuestro es de un niño de 17 años o menos, aunque excepcionalmente se puede activar en víctimas de más edad. En tercer lugar, el elemento que contribuye a la desatención e impunidad ante estos casos son los argumentos esgrimidos. Cuando una niña o mujer blanca desaparece sin ninguna duda se afirma que fue secuestrada, es una víctima; cuando una niña o mujer afroamericana desaparece se dice que escapó, es responsable, la situación es asumida como una consecuencia de sus acciones y decisiones. Es decir, cuando una niña o mujer blanca desaparece es problema de todos, cuando lo hace una niña o mujer negra es culpa suya.

[3] Entre 1980 y 2012 -según un informe publicado en 2015 por la Real Policía Montada de Canadá- casi 1200 mujeres y niñas indígenas fueron asesinadas o desaparecieron, principalmente en la ciudad de Winnipeg. En este país las aborígenes tienen una posibilidad cuatro veces mayor de ser asesinadas o desaparecer que otras mujeres canadienses; sin embargo, este hecho

los que actúa no solo el sexismo sino también el racismo, además "cuando una mujer de color muere asesinada, los medios ponen muy poca atención en la noticia y muy pocas veces se hace un comparativo entre estos asesinatos femicidas con los de mujeres blancas de clase media" (Singer, 2006, p. 341). Esta situación se profundiza cuando además la víctima es lesbiana, bisexual o transgénero, por lo cual este tipo de crímenes son reseñados casi exclusivamente en medios o blogs dedicados a la comunidad de personas afroamericanas, indígenas o LGBTI.

En el caso de las grandes cadenas televisivas de alcance nacional e internacional, nunca se cuestiona el asesinato de mujeres por razones de género, por el contrario, en las pocas oportunidades en que este se aborda es legitimada la violencia y el femicidio[4] desde una perspectiva amarillista y sensacionalista; o como afirma Russell (2006), a menudo de manera manipulada y sexualmente excitante en la cual se busca ganar *rating*, visitas y seguidores, pero no esclarecer los hechos o empatizar con las víctimas.

> Halloran (1975) señala que los medios pueden definir, hacer hincapié, amplificar, conceder estatus, convocar significados y perspectivas, aportar etiquetas y estereotipos e indicar aprobación o desaprobación en relación con la violencia. [Además] Los periodistas han ayudado a oscurecer la naturaleza del femicidio (Campbell, 2006, p. 230).

Este hecho puede explicarse como una consecuencia de la falta de formación y sensibilización en la materia de los reporteros, redactores, editores y presentadores, así como de la existencia de prejuicios personales que son trasladados a la redacción o comunicación de los casos en la noticia. En el abordaje de los casos en los que las mujeres son asesinadas por motivos de género:

> Por lo general, los medios de comunicación pasan por alto las motivaciones misóginas de estos asesinatos, y culpan a las mujeres o niegan la humanidad, y por tanto la masculinidad del asesino, a quien regularmente retratan como

---

no ha motivado la emergencia y aplicación de ninguna medida de protección especial para ellas, pues como hiciese referencia el asesino en serie Shawn Lamb -condenado en Winnipeg en 2013 por asesinar a dos mujeres aborígenes-, las mujeres indígenas son "las víctimas perfectas" pues a nadie parece importarle si desaparecen. En 2016 el comité de la Organización de las Naciones Unidas acusó a Canadá de una "violación grave" de los derechos de las mujeres aborígenes al no garantizar su derecho a una vida libre de violencia; aunado al hecho de que como afirmase la ministra de Asuntos Indígenas Carolyn Bennett, estos casos en su mayoría fueron clasificados erróneamente como suicidios, muertes accidentales o muertes por causas naturales.

[4] Un ejemplo de ello es el titular del diario *La Razón* el 02 de enero de 2018 "El error de «El Chicle»: no quitó el móvil a Diana antes de meterla en el maletero".

bestia o animal. Tal cobertura de la prensa enmascara el significado político del feminicidio (Radford, 2006, p. 35).

Los medios con frecuencia desproveen de explicaciones a los asesinatos y hacen un tratamiento desgenerizado de los femicidios; para estos, lo que subyace en dichos crímenes no son las relaciones de poder, las desigualdades sociales, las manifestaciones de la estructura patriarcal o la existencia de un sistema de jerarquías entre hombres y mujeres, esto ni siquiera se plantea en la presentación del hecho. En cambio, el carácter político e ideológico de los crímenes de odio con frecuencia es desestimado en un intento de invisibilizar las inequidades del sistema social[5].

El carácter patriarcal, sexista y misógino de los femicidios siempre intenta diluirse con un discurso en el que son denominados o reseñados como "riñas domésticas", "violencia intrafamiliar", "disputa familiar o matrimonial", "discusiones", "peleas", "asuntos de celos", "crímenes por amor", "crímenes pasionales"[6], "problemas domésticos", "tragedia", "misterio", "muerte trágica", "drama inevitable", entre otros. Según Monárrez (2006), con estos términos se invisibiliza el sexo de la víctima y el victimario, y se oculta también el uso intencional de la violencia por parte del hombre para poner término a la vida de las niñas y las mujeres[7].

Sumado a ello hay una tendencia muy enraizada en los medios de comunicación a patologizar a los agresores y victimarios. Estos crímenes la más de las veces son abordados como consecuencia de enfermedades mentales padecidas por el agresor[8] o como consecuencia del consumo de alcohol o estupefacientes, pero como bien señalan Jane Caputi y Diana Russell (2006) "la mayor parte de los asesinos de mujeres son esposos, amantes, padres, conocidos y extraños que no son producto de alguna extraña desviación".

---

[5] Un ejemplo de ello fue el tratamiento dado por los medios al femicidio de Wanda Taddei, según estos la víctima "falleció por 'una falla multiorgánica' generada por las serias quemaduras sufridas en un confuso episodio con su pareja" ("Murió la esposa del baterista de Callejeros, tras diez días de internación", *La Nación*, 21 de febrero de 2010).

[6] Los crímenes pasionales son definidos por Urania Ungo (2008) como hechos violentos cometidos en momentos en los que supuestamente la pasión oscurece la capacidad de raciocinio de los victimarios, la pasión impide el correcto razonamiento y es en ese momento en que estalla la violencia femicida que acaba con la vida de la mujer.

[7] Así lo evidencian titulares como el del diario *Excelsor* con fecha del 18 de noviembre de 2017: "Tras pelea de la pareja hallan a su hija junto al cadáver de su mamá".

[8] El venezolano Leonardo Enrique Brandt asesinó de varios disparos a su esposa y a su hija de 6 años en la residencia donde convivían, sin embargo, los medios destacaron que: "El presunto homicida presentaba desequilibrio mental severo y estaba medicado, aunque se le estaba dificultando conseguir los medicamentos, reveló la fuente policial, quien agregó que la madre de Brandt se encuentra recluida en un sanatorio luego de haber intentado incendiar su casa" ("El cóctel mortal que llevó a una tragedia familiar en El Hatillo", *Diario Caraota Digital*, 14 de noviembre de 2017).

Generalmente los medios reaccionan con aparente sorpresa ante este ti-po de crímenes, afirman que el femicida poseía una "doble fachada" o se le describe como alguien tranquilo, pacífico, trabajador, amable, razonable, agradable y amoroso, sobre quien los familiares, allegados y vecinos hacen declaraciones favorables[9]. En estos reportajes se tiende a afirmar que el femicida "perdió el control", "fue cegado por los celos", "sufrió un arranque", "tuvo un ataque celópata" o "sucumbió a sus bajos instintos", es decir, las actuaciones criminales de los hombres contra las mujeres son presentadas generalmente como situaciones a la que fue llevado por la mujer victimizada, motivados por acciones o palabras de la víctima; desde esta perspectiva el femicidio siempre es inscrito en la dimensión de la irracionalidad, la locura y la pasión[10].

Se busca con ahínco cualquier discurso o práctica de las mujeres que permita justificar la violencia contra ellas cometidas ya que, desde esta pers-pectiva, son siempre las acciones de la mujer las que llevan al hombre a cometer el crimen: "los celos lo convirtieron en un monstruo", "el miedo a perderla le hizo perder la cabeza", "cuando le dijo que iba a dejarlo no pudo soportarlo y la mató"[11]. Así mismo, los medios presentan a estos femicidas como unas víctimas del amor cuando se suicidan tras la comisión del crimen, imprimiéndole un carácter pasional y romántico a un crimen sexista y misó-gino; al mismo tiempo que obvian el hecho de que se suicidan para evadir a la justicia[12].

---

[9] Por ejemplo la *Revista Proceso*, que el 29 de mayo de 2017 tituló "Juez condena a 50 años de prisión a estudiante modelo que descuartizó a jovencita en Tlatelolco". También el diario *Faro de Vigo,* que el 31 de diciembre de 2017 tituló "Un atleta 'normal y corriente'. Sorpresa total en Moraña por la detención de 'El Chicle'".

[10] Este hecho no es característico de algún país o medio de comunicación, se manifiesta de forma generalizada, por ejemplo: El diario *Dossier33* en Venezuela, el 10 de abril de 2017 tituló "En un arranque de celos un obrero mató de un tiro a la esposa frente a sus hijos". El diario *El Siglo* de Venezuela que el 18 de junio de 2017 tituló "Celópata mató a una pareja de jóvenes en una residencia". El diario *El Ciudadano* de Chile que el 4 de enero de 2018 intentaba llamar la atención con el titular "Hombre casado se enamoró tanto de hermosa bailarina que le cortó la cabeza en un arranque de celos".

[11] Algunos titulares ejemplifican este hecho: "Mujer hallada muerta en La Cañada fue asesinada por su exmarido: No soportó la separación y no quería verla con otro hombre", *Noticia al Día*, 5 de noviembre de 2015. "Carpintero asesinó a su concubina porque esta le solicitó la separación", diario *Los Andes*, 23 de diciembre de 2015. "No aceptó que lo dejara y la mató a puñaladas", *Diario 2001*, 18 de enero de 2016. "Mataron a mujer de un tiro en la cara por presuntamente querer dejar a su marido", diario *Panorama*, 22 de enero de 2017. "Confirmado: Muere mujer acuchillada en Plaza Fiesta por no regresar con su ex", diario *Tendencias de Yucatán*, 23 de junio de 2017. "Se conocían de chicos, fueron novios y la mató porque ella lo dejó", diario *Clarín*, 13 de noviembre de 2017, entre otros.

[12] Por ejemplo, *El Diario* tituló el 03 de octubre de 2017 "Suicidio pasional" para reseñar el caso de un femicidio, invisibilizando a la víctima y victimizando al agresor.

No obstante, el periodismo amarillista y el morbo de los lectores/espectadores poco se preocupan por estos terribles y condenables crímenes o sus ejecutores, más bien, lo que llama la atención, despierta la indignación y el rechazo colectivo es la vida personal de las víctimas, las cuales desde el relato mediático aparecen como responsables y merecedoras del crimen contra ellas cometido[13]. La cultura femicida "lleva a que las mujeres sean vistas como culpables de su propia muerte o la de otras a manos de los hombres, mientras que al agresor masculino se le coloca en una situación de menor responsabilidad" (Hester, 2006, p. 93)[14].

La reputación de las mujeres siempre está en juego ante la comisión de un femicidio, cuando estos hechos ocurren los medios de comunicación construyen un relato con los testimonios de los familiares, amigos, conocidos, vecinos y compañeros de trabajo, en el cual se cuestiona si el hombre la asesinó por celos, si tenía un amante, si la encontró con otro, si los hijos no eran del agresor, si era prostituta, entre otros. Además esta justificación del crimen siempre es construida desde la corporeización y sexualización de las mujeres, pues la puesta a disposición de otros del cuerpo de la mujer es considerada como la excusa por excelencia para la comisión del femicidio[15].

Pero este hecho no es novedoso, a las agresiones y muertes de una mujer siempre se les busca una justificación, se hurga en esas acciones, actitudes, "descuidos" u omisiones que pudo cometer la mujer que favorecieron u ocasionaron la ocurrencia del crimen. Este punto de vista no solo es asumido por los familiares, amigos y conocidos de la víctima o el agresor, sino que también es reproducido por los espectadores de los medios de comunicación y los operadores del sistema de justicia penal, responsables de la aplicación de sanciones ante las agresiones y crímenes cometidos contra las mujeres.

Cuando hay una mujer asesinada no hay una sobreviviente que cuente la historia. No hay forma de compartir la experiencia de una muerte violenta, lo

---

[13] "Por lo general la trivialización del feminicidio es justificada al señalar que la mujer en cuestión es de alguna forma culpable de su muerte. Esta forma de 'victimar' está bastante extendida. Victimar es una manera muy popular de explicar el crimen en criminología. Sostiene que las víctimas de crímenes por lo general son responsables del hecho. Se ha utilizado en una amplia gama de contextos criminales, pero ha sido empleada con más fuerza para explicar la violencia interpersonal, de manera particular la violencia contra las mujeres" (Radford, 2006, p. 37-38).

[14] Una muestra de ello es el titular del diario *La Verdad* con fecha del 7 de enero de 2018: "Por irse a bailar con su novio violaron y asesinaron a su hija".

[15] Esta narrativa está muy naturalizada en la prensa venezolana, un ejemplo es el diario *La Verdad*, que el 18 de junio 2015 tituló "Un oficial sorprende a su jefe con su mujer y los asesina", y, nuevamente, el 22 de septiembre de 2016 reseñó un femicidio culpabilizando a la víctima: "Mujer estrangulada en motel tenía un marido y tres amantes".

único que se puede compartir es el dolor y la rabia de quienes saben de una pérdida como esa (Radford, 2006, p. 35).

Este tratamiento dificulta los procesos de investigación, explicación y divulgación de los casos de femicidio; situación que al mismo tiempo crea las condiciones para que sean construidos imaginarios sobre la víctima, que sea cuestionada su integridad personal, sus prácticas y concepciones de vida, que le puedan ser atribuidas infinidad de características negativas y que pueda ser desprestigiada sin que esta pueda defenderse.

Cuando el femicidio se revalida en los juicios de los tribunales y se presenta en los medios de comunicación está rodeado de la mitología de la mujer culpable. Es el comportamiento de la mujer lo que está en escrutinio y se la encuentra deseosa cuando se le contrasta con las construcciones masculinas idealizadas de la feminidad y de los estándares del comportamiento femenino (Radford, 2006, p. 40).

Además, este hecho se traduce en un último acto de violencia contra la mujer asesinada, mancillar su nombre y empañar el recuerdo en sus dolientes, ya que, cuando una mujer es envilecida y desprestigiada se hace justificable su muerte: en el mayor de los casos "se lo merecía", en el menor de ellos "se lo buscó"[16]. Desde esta perspectiva la víctima nunca es inocente, sin embargo, esta posibilidad de inocencia se diluye más rápidamente cuando la víctima es una niña o mujer racializada o no-heteronormada; es decir, la culpabilización se profundiza cuando la víctima es afroamericana, indígena o LGBTI ya que con frecuencia se afirma que fueron asesinadas porque huyeron de su casas,

---

[16] Un ejemplo de ello es el tratamiento dado por los medios al caso de Melina Romero, una adolescente de 17 años de edad quien en 2014 tras festejar su cumpleaños estuvo desaparecida durante un mes, para finalmente ser encontrada muerta a las orillas de un arroyo. Sin embargo, los medios han destacado: "La vida de Melina Romero, de 17 años, no tiene rumbo. Hija de padres separados, dejó de estudiar hace dos años y desde entonces nunca trabajó. Según sus amigos, suele pasarse la mayoría del tiempo en la calle con chicas de su edad o yendo a bailar, tanto al turno matiné como a la noche, con amigos más grandes. En su casa nadie controló jamás sus horarios y más de una vez se peleó con su mamá y desapareció unos días. (…) Hasta su desaparición, se levantaba todos los días al mediodía y luego se juntaba con sus amigos en la plaza de Martín Coronado, que está sobre avenida Perón, a metros de la estación de trenes. Ahí se quedaba hasta la madrugada con chicos de su edad. (…) La chica mide 1,72 metro, usa el cabello corto y se hizo cuatro piercings: dos aritos en la nariz, uno en la lengua y otro arriba del labio superior. En el omóplato derecho se tatuó un corazón con el nombre de sus padres. A Meli, como la llaman sus amigas, le gustan muchos las redes sociales y tiene cinco perfiles de Facebook. (…) La chica también contó que solía ir a bailar a la matiné con Melina pero que luego ella se iba a la casa y Meli iba a otra disco a la noche (donde era tarjetera, para no pagar) y se quedaba hasta la madrugada. Cuando se peleaba con su mamá se iba de la casa" ("Una fanática de los boliches, que abandonó la secundaria", *Clarín*, 13 de septiembre de 2014).

porque estaban involucradas en algún tipo de actividad ilícita o, si fueron abusadas sexualmente, se recurrirá al argumento de la prostitución.

Pero el tratamiento mediático del femicidio también está interceptado por variables de clase social; si bien la tendencia es que todas las mujeres víctimas de femicidio son desmoralizadas, cuestionadas y estereotipadas, esto cobra un carácter más inescrupuloso cuando la víctima pertenece a los sectores desposeídos y hace vida en alguna comunidad o asentamiento irregular[17]. Generalmente la mujer es responsabilizada de lo ocurrido, se justifica la acción y se le considera un desenlace esperado por vincularse con hombres delincuentes, traficantes, ex presidiarios, violentos, o adictos al alcohol y a las drogas[18].

Por su parte cuando los femicidios ocurren a lo interno de comunidades o familias privilegiadas se les dedica un tratamiento por demás respetuoso al femicida, se hace poco énfasis en el crimen y se destacan las patologías o las presiones a las que pudo haber estado sometido el agresor. Aunado a ello, se exaltan sus méritos sociales, académicos y laborales, y se magnifican sus contribuciones a la comunidad; hechos en su conjunto que contribuyen a reforzar y profundizar los estereotipos y formas de discriminación por razones de género y clase.

Ahora bien, cuando no es posible hallar elementos que permitan culpabilizar a la víctima por lo ocurrido, esta acción sancionadora y de escrutinio se orientará hacia las otras mujeres vinculadas al agresor. En este contexto generalmente la madre será objeto de acusaciones: no le brindaba o demostraba cariño, lo maltrataba en la infancia, lo abandonó, fue criado por una abuela o madrastra indiferente o cruel; acciones que desde la perspectiva patriarcal

---

[17] La denominación varía según la idiosincrasia de cada país de América Latina, sin embargo, en términos generales hace referencia al gueto, el barrio, el tugurio, la villa, el arrabal o la favela.

[18] Un ejemplo de ello es el tratamiento dado por los medios al femicidio de Kenni Mireya Finol Finol, la venezolana de 26 años asesinada en febrero de 2018 en la Ciudad de México. El cuerpo de la víctima fue hallado tirado en la calle, presentaba golpes y signos de tortura, le rociaron ácido en el rostro y le cubrieron la cabeza con una bolsa plástica y cinta adhesiva; pero pese a lo grotesco del crimen, los medios se preocuparon por destacar que "Kenni había crecido en un barrio marcado por la pobreza y la delincuencia. A ella le gustaban los malandros, los raterillos, pero los sicarios no, esos le daban miedo, dicen sus conocidos. Se crió con eso y es algo que nadie le podía quitar, ni su mamá, comentan sobre ella. En la Ciudad de México, le gustaba caminar por Tepito. Buscaba en otro barrio, en otra ciudad y distinto país, algo que le recordara a su hogar. Desafortunadamente se encontró con la persona que al final le arrebató la vida" ("Las maté a todas, ahora sigues tú: escort deja video que exhibe a su asesino", *El Universal*, 20 de marzo de 2018).

justifican el odio y desprecio del femicida hacia las mujeres, manifiesto finalmente en el asesinato sexista o misógino[19].

Culpabilizar a la madre y destacar su incapacidad para cubrir alguna de las necesidades pasadas del asesino, según Radford (1992), ha sido la estrategia más común para desviar la culpabilidad de aquel y justificar su acción femicida; con ello "se espera que entendamos el terrorismo contemporáneo hacia las mujeres, no en términos políticos, sino como el comportamiento aberrante de misteriosos maníacos sexuales, monstruos sobrenaturales o en la jerga más aceptable, psicópatas y sociópatas" (Caputi en Radford, 2006, p. 666).

Empero, el tratamiento que hacen los medios de comunicación de los casos de femicidio generalmente se presentan en términos de causa-efecto; es decir, algo debe haberle ocurrido al agresor para convertirse en tal, por ejemplo haber sido víctima de burlas, engaños, rechazos, desprecios o agresiones por parte de las mujeres. Estos argumentos intentan despojar al femicida de su responsabilidad y, en el menor de los casos, intentan presentar el hecho punible como consecuencia de una responsabilidad compartida entre la víctima y el agresor; en otras palabras, algo hizo la víctima que generó esa reacción en el agresor[20], quien al final del relato es presentado como la verdadera víctima.

Según Jenny Pontón (2009) los casos de femicidios son reseñados únicamente en las secciones de crónica roja y bajo nombres de "seguridad", "judicial" o "sucesos"; los titulares suscitan el morbo y la atracción por lo violento, en los cuales este tipo de crímenes son presentados como algo natural, cotidiano y por lo tanto tolerable. Asimismo, los medios de comunicación de manera constante hacen una cobertura incompleta de estos casos, la información presentada carece de datos exactos y no se hace un seguimiento que explique los resultados procesales de los femicidios difundidos.

La mayoría de los medios de comunicación impresos, digitales o televisivos, según Cecilia Ananías y Karen Vergara (2016), se caracterizan por la falta de empatía hacia la víctima; cometen errores al redactar los nombres de

---

[19] Un ejemplo de ello lo constituye la reseña realizada por los medios de comunicación del caso de Francisco Abraham García Hernández, considerado el primer asesino en serie de Venezuela y conocido como "El estrangulador de Caricuao". Este hombre violó, golpeó y asfixió hasta la muerte a 5 mujeres y una niña, sin embargo, los medios justifican los femicidios perpetrados destacando: "La madre abandonó el hogar cuando él era un adolescente. Comerciantes del bulevar de Caricuao aseguran que el padre del asesino, cuando se encuentra en estado de embriaguez, grita: 'ella se fue con otro tipo que tenía más plata'. Reclama que lo haya dejado solo con estas cargas (sus hijos)" ("El estrangulador de Caricuao: primer asesino en serie de Venezuela", *Runrunes*, 29 de mayo de 2015).

[20] Un ejemplo de ello es el titular del diario *El Nacional*, con fecha del 05 de junio de 2016: "Mujer fue asesinada por su esposo luego de apuñalarlo".

los protagonistas de la noticia, omiten o tergiversan información, y hacen uso de "frases que magnifican los detalles del hecho de violencia, dejando de lado lo condenable de la situación y la intimidad de la víctima. Titulares escandalosos, frívolos o discriminatorios. Trivialización de la noticia. Uso de adjetivos innecesarios" (Ananías y Vergara, 2016, p. 58).

Los medios espectacularizan los femicidios, construyen una narrativa en la que se sobreexpone a las víctimas a través de la descripción de vívidos detalles del asesinato y la forma en la que fueron encontradas, así como, mediante las imágenes en las que se presentan sin restricciones partes del cuerpo o la escena del crimen.

Los femicidios también son convertidos en un *show* mediático cuando el tratamiento de los casos ahonda de manera enfática en la vida de la víctima, su familia, amistades y conocidos; pero sobre todo, cuando se indaga en su vida sexual, cuántas parejas tuvo, a quién frecuentaba, cuántos hijos tenía y de quién eran. Se construye un discurso en torno al carácter y personalidad de la mujer asesinada, se señala que era dominante y posesiva, en otros casos se dice que desatendía el hogar, el marido y los hijos; y no faltan las oportunidades en que se insiste en que era promiscua, infiel o mentirosa. También es común subrayar que la víctima era cruel con el agresor, que no lo satisfacía sexualmente y lo castraba socialmente.

Otra de las formas en que los medios de comunicación agreden a las mujeres víctimas de femicidio es a través de la indagación en sus redes sociales. Se muestran fotografías en las que el lector/espectador pueda apreciar si era joven, atractiva y voluptuosa, pero especialmente, imágenes en las que se pueda observar que la víctima salía frecuentemente con amigas o amigos, le gustaba ir de fiesta[21], bebía, llegaba tarde del trabajo o vivía sola[22]; es decir, "el medio se ensaña en el detalle de justificar el hecho de que la víctima llevaba una vida sin recato" (Cantillo, 2011, p. 1312), de este modo:

> A través de un proceso recíproco entre individualización y culpabilidad de la víctima, se enmascara la existencia del femicidio y, de esa forma, los hombres y la masculinidad quedan protegidos, y al mismo tiempo la responsabilidad queda desplazada hacia las mujeres, a las que entonces se define como inadecuadas o provocativas (Radford, 2006, p. 667-668).

Mientras tanto al agresor se le encubre, su identidad en oportunidades se mantiene protegida, la imagen del victimario nunca se muestra, en los reportajes su rostro es pixelado, sus redes sociales y sus contenidos casi nunca se mencionan; poco se sabe de su rutina, sus prácticas o preferencias, en definitiva, de su vida.

Otra de las particularidades del abordaje y tratamiento de los femicidios en los medios de comunicación es la tendencia a invisibilizar los casos perpetrados contra niñas y ancianas. Los medios destacan aquellos crímenes cometidos contra mujeres en edad reproductiva, por lo cual pueden ser sexualizadas, objetualizadas y por tanto responsabilizadas; pero los casos en los que las víctimas no forman parte de este grupo etario y sexualizado con frecuencia son obviados porque contribuyen a desmitificar y desmontar los discursos tradicionalmente construidos en los que se responsabiliza a las mujeres de su propia muerte.

---

[21] Algunos titulares de los medios de comunicación de la región respaldan esta afirmación: el diario argentino *Clarín* tituló el 13 de septiembre de 2014: "Una fanática de los boliches, que abandonó la secundaria". El diario mexicano *60 minutos* reseñó el 20 de junio de 2017: "Tania Karina quería irse a una fiesta, lo hizo; apareció enterrada en casa de su novio". Mientras que el diario *A Fondo* también legitimó el femicidio, por ejemplo el 22 de junio de 2017 con el titular: "Alondra, de 15 años, se fue de pinta con su novio y terminó decapitada en un basurero". Esta narrativa contribuye a la construcción y reproducción de un discurso revictimizador por parte de la ciudadanía, el cual generalmente es expuesto en las redes sociales; un ejemplo de ello es el caso de Mara Castilla, la joven mexicana violada y estrangulada hasta la muerte en septiembre de 2017 por el conductor de una unidad de taxis de la compañía Cabify, cuando se trasladaba a su casa después de haber salido a bailar con unos amigos. Sin embargo, las reacciones en las redes sociales culpabilizaron a la víctima de lo ocurrido, pudiéndose leer comentarios como: "Si hubieras estado en tu casa estudiando no te hubiera pasado nada", "Lamentable caso, pero cosas pasan cuando mezclas imprudencia, madrugada, alcohol, sueño, sola, putivestido y chofer enfermo..." o "Toda mujer sabe el grado al que se expone a esa hora de la noche y alcoholizada por favor mujeres ese tipo de riesgos tiene un fin y es malo" ("Asesinada tras montar en un vehículo de Cabify en México, la culpan por ir alcoholizada", *Los Replicantes*, 17 de septiembre 2017).

[22] Este es el caso del diario *Correo del Caroní* que el 6 de septiembre de 2015 presentó un femicidio con el titular: "Mujer violada y estrangulada en San Félix vivía sola en su casa".

Finalmente, es importante mencionar que los medios de comunicación pocas veces emplean el término femicidio en la reseña noticiosa, y en las oportunidades en que se referencia este aparece "como un recurso apenas descriptivo –femicidio en tanto homicidio de una mujer- y no en su dimensión política y con connotaciones de desigualdades de género" (Lagos en Ananías y Vergara 2016, p. 56). Así mismo, por desconocimiento, prejuicio o como consecuencia de las confusiones generadas por la modificación del término, los medios hacen un uso indistinto de categorías como "femicidio" y "feminicidio" para referirse tanto a los asesinatos de mujeres por razones de género, como también para evidenciar las muertes violentas de mujeres producidas en otras circunstancias y por otras motivaciones; este hecho limita la comprensión del fenómeno por parte del lector/espectador, al mismo tiempo que contribuye a la generación de estadísticas e investigaciones no oficiales imprecisas, cuya principal fuente son los medios de comunicación[23].

---

[23] Este hecho, según Rita Segato (2006), no solo es propiciado por los medios de comunicación sino también por autoridades y formadores de opinión, quienes aun cuando pretenden hablar en nombre de la ley y de los derechos, estimulan una percepción indiscriminada de cantidad de crímenes misóginos. Pese a ello, afirma que el problema de la ambigüedad y la indiferenciación entre los diversos tipos que componen la cifra general de los homicidios de mujeres no parece estar siendo un tema prioritario en las agendas feministas.

Capítulo 8

Ni una menos: movilizaciones, consignas e iniciativas para denunciar el femicidio

En los diferentes momentos del proceso histórico las mujeres han estado sometidas a los embates del poder patriarcal, expresado en la misoginia, el sexismo, el androcentrismo, el machismo y el falonarcisismo. Estas diversas formas de dominación cuyo objetivo común ha sido y continúa siendo el sostenimiento de la supremacía masculina, se han instaurado, reproducido y legitimado mediante la inferiorización, subestimación, exclusión, subordinación, descalificación e invisibilización de las capacidades y contribuciones de las mujeres en los diferentes ámbitos de creación, producción, acción y sociabilización.

De acuerdo a Hester (2006), las estructuras y las instituciones sociales e ideológicas de la supremacía masculina se articulan y actúan de manera continua para constreñir a las mujeres; sin embargo, ellas no son pasivas, por el contrario, muchas mujeres resisten o luchan contra su opresión y sus opresores utilizando diversas estrategias. Esta lucha ha sido protagonizada principalmente por las feministas, quienes durante siglos han dirigido sus esfuerzos hacia la obtención de derechos políticos, económicos, sociales y culturales tradicionalmente negados.

En el siglo XX estas luchas también empezaron a dirigirse a la obtención y garantía de derechos individuales, entre estos principalmente el derecho a la autonomía económica, la autonomía en la toma de decisiones y la autonomía física; generalmente impelidas por la violencia contra la mujer. El feminismo comenzó a izar las banderas contra la violencia patriarcal, sin embargo, esta se dirigió de forma casi exclusiva a la violencia verbal, psicológica, física y sexual; mientras que otras formas de violencia fueron desatendidas, como es el caso de la violencia simbólica, según el sociólogo Pierre Bourdieu[1], pero también del femicidio de acuerdo a lo afirmado por Diana Russell.

No obstante, en los últimos años, el femicidio como intento de aniquilamiento de las mujeres y de todo aquello asociado a la feminidad, no solo por la cantidad y frecuencia de estos crímenes, sino también por los grados de crueldad y ensañamiento contra las víctimas comenzó a formar parte de las preocupaciones y agendas feministas. Las mujeres de forma individual y colectiva alrededor del mundo se han organizado para investigar, protestar y denunciar el femicidio; se han movilizado contra este tipo de crímenes, han diseñado estrategias y mecanismos para su abordaje, prevención y concientización, pero sobre todo, para deconstruir la cultura femicida y por tanto detener la continua devaluación de las vidas de las mujeres.

Las mujeres se vienen pronunciando sobre el femicidio desde la investigación académica y la generación de materiales de divulgación que intentan llegar a distintos sectores sociales para concientizar sobre la gravedad de este fenómeno; pero también realizando actividades de formación y sensibilización, e incorporando la discusión en universidades, liceos y centros comunitarios. El feminismo también comienza a apropiarse de los espacios públicos y mediáticos, en los cuales se han encargado de denunciar y desmontar los imaginarios sobre los femicidios, desenmascarando la revictimización de los medios de comunicación, de la policía y de las instituciones de justicia[2], pues, como lo descubrió Betty Friedan en los años cincuenta: nombrar un problema es vital tanto para la concientización como para la acción. De acuerdo a ello, "las posturas feministas han promovido cambios en la percepción social de dichos actos violentos contra el cuerpo y la vida de las mujeres" (Munévar, 2012, p. 153).

Otra de las acciones comunes de los movimientos feministas en lo que refiere el fenómeno del femicidio ha sido la protesta social, a través de

---

[1] De acuerdo con Pineda (2017), el sociólogo Pierre Bourdieu dirigiría una fuerte crítica al feminismo y su desatención relativa a las desigualdades de género desde lo simbólico. Según este, la dimensión paradójica de la dominación simbólica (la de dominante dominado por su dominación) ha sido casi siempre descuidada por la crítica feminista, así como, desprovisto de su importancia y subordinada frente a otras formas de violencia.

[2] Algunas feministas se mantienen renuentes a participar en los medios de comunicación al considerar que estos, por su carácter capitalista y transnacional, al servicio de los intereses dominantes, se apropian del discurso feminista y sus demandas para convertirlo en un producto mediático consumible, capitalizable y por tanto vaciarlo de su sentido y objetivo. Otras feministas, por el contrario, apuestan por la mediatización del feminismo, su empleo y apropiación como espacio y mecanismo para la difusión de ideas, denuncias y la visibilización de demandas que permitan colocar el debate en las distintas esferas y espectadores.

movilizaciones[3] y consignas[4], que han logrado sacar los femicidios del anonimato, denunciarlos, colocarlos en la agenda y la palestra pública. El activismo político feminista mediante la movilización en los espacios públicos ha generado presión en las instituciones competentes, visibilizando la burocracia, la inoperancia y la inefectividad de las instituciones garantes de la protección y otorgamiento de justicia de las mujeres víctimas de femicidio, esta presión ha contribuido y motivado la discusión y posterior aprobación de marcos jurídicos de sanción del femicidio, de este modo "los movimientos de mujeres y las acciones feministas han sido determinantes en los procesos de denuncia, denominación, visibilización, conceptualización y tipificación de la muerte violenta de mujeres en ciertas circunstancias que las conectan con el género" (Munévar, 2012, p. 138).

Los movimientos organizados de mujeres y las individualidades feministas también han denunciado la violencia por razones de género y el femicidio por medio del artivismo. En el caso latinoamericano uno de los más conocidos es la muestra *Zapatos rojos* (2009)[5] de la mexicana Elina Chauvet, sin embargo, en la región también destacan los *performances No perdemos nada con nacer* (2000)[6], *279 golpes* (2005)[7], *Reconocimiento de un cuerpo* (2008)[8],

---

[3] Estas movilizaciones contra los asesinatos sexistas y misóginos han encontrado detractores y resistencias desde el poder patriarcal, incluso, han sido consideradas por algunos como la causa del incremento de los femicidios en los últimos años, un ejemplo de ello es el caso de Eugenio Raul Zaffaroni (2017) quien en un artículo afirmó que "las marchas y manifestaciones públicas son medios de lucha positivos que generan conciencia contra la cultura machista, pero en lo inmediato no tienen eficacia preventiva, tanto más si en realidad lo que se está registrando es un aumento de la frecuencia femicida".

[4] Entre estas destaca la frase "Ni una mujer menos, ni una muerta más" creada en 1995 para denunciar los femicidios en Ciudad de Juárez por Susana Chávez Castillo, la poeta y activista mexicana asesinada en el año 2011 por visibilizar los crímenes contra las mujeres en su país. Esta consigna fue retomada como el grito colectivo "Ni una menos" en el año 2015 en Argentina y popularizado como "Ni una más" en México. En Uruguay se convocaron en 2015 distintas movilizaciones bajo la consigna "¡Si tocan a una, tocan a todas!". Mientras que en Argentina surgieron las consigas "Vivas nos queremos" en 2016 y "Basta de femicidios, el gobierno es responsable" en el año 2017.

[5] La muestra "zapatos rojos" intenta denunciar e invita a la reflexión sobre las desapariciones y asesinatos de mujeres. Fue inspirada por el asesinato de la hermana de la artista a manos de su pareja. La primera instalación se presentó en una plaza de Ciudad Juárez el 22 de agosto de 2009 a partir de una donación de 33 pares de zapatos y posteriormente han organizado réplicas en otras ciudades del mundo.

[6] La artista es metida en una bolsa de plástico transparente, y como un despojo humano es colocada en el basurero municipal de Guatemala.

[7] "279 golpes" es un *performance* sonoro, en el cual la artista se encierra en un cubículo, y sin que nadie pueda verla, se da un golpe por cada mujer asesinada en Guatemala del 1 de enero al 9 de junio del 2005. Amplificando el sonido, para que sea escuchado desde afuera del cubículo.

[8] En este *performance* el cuerpo de la artista yace completamente anestesiado sobre una camilla, cubierto por una sábana blanca. El público debe levantar la sábana para reconocer el cuerpo.

Paisaje (2012)[9], *Hilo de tiempo* (2012)[10], *Caminos* (2013)[11], *Desecho* (2017)[12] y *Presencia* (2017)[13] de la artista feminista guatemalteca Regina José Galindo. Otras de las iniciativas socio-artísticas que han causado impacto en la población y tenido resonancia en América Latina son los *performances Nothing to see here* (2017)[14] desarrollado en México por las activistas Jill Love y Julia Klug, así como, la intervención *Femicidio es genocidio* (2017)[15] realizada en Argentina por la Fuerza Artística de Choque Comunicativo.

Desde la fotografía también se ha interpelado la comisión de estos crímenes y se ha llamado la atención sobre la impunidad generalizada y la representación de las víctimas, la cual se caracteriza por su culpabilización; un ejemplo de ello es el proyecto *Ofrendas fotográficas contra el femicidio* (2015)[16] organizado y curado por las fotógrafas chilenas Gabriela Rivera Lu-

---

[9] La artista permanece de pie y de espaldas junto a un hombre que excava una fosa. Nunca se ven, él cava un agujero, un vacío, ella recibe la tierra que empuja la pala hasta quedar enterrada.

[10] El cuerpo de la artista permanece oculto dentro de una bolsa tejida para cadáveres. El público es libre de ir deshilando la bolsa hasta descubrir el cuerpo.

[11] La artista permanece escondida dentro de un matorral. El cuerpo es un bulto, amarrado con cuatro hilos que son sacados por cuatro mujeres hacia el espacio exterior. Los hilos hacen dibujos por las calles de Antigua Guatemala. El público debe de seguir los hilos para encontrar el cuerpo.

[12] La artista permanece dentro de una bolsa de basura negra, en el área de desechos de la feria de Arte Zona Maco. El público intuye su presencia por pequeños movimientos que realiza. Un camión de basura del Estado Mexicano se acerca para llevarse todos los desechos, incluyendo la bolsa que la contiene. El camión desapareció con rumbo incierto; el trayecto fue también documentado desde el interior de la bolsa.

[13] En este *performance* la artista ataviada con los vestidos que portaban algunas de las víctimas reales de femicidio trata de evidenciar la gravedad de este problema. En una entrevista publicada por el *Diario Público*, señala que "Cada vez que me pongo uno de sus vestidos, lo que pretendo hacer es honrarlas, invocar su energía y traer de vuelta su memoria a través de un objeto cercano a ellas. (…) Quería ir más allá de la historia terrible de su muerte, esa historia de cuerpos mutilados y fragmentados que pueblan los diarios del país, quería centrarme en lo que eran en vida, traerlas como lo que de verdad fueron, mujeres integrales. (…) Las familias que me han prestado estos vestidos no han descansado en su búsqueda de justicia y entienden que, a través de canales como el arte, se puede dar visibilidad y aportar luz a casos que todavía hoy día siguen sin resolverse" ("La misoginia y la violencia permean el arte y la vida en Guatemala", *Diario Público*, 18 de abril de 2017).

[14] Las artistas permanecen en el espacio público tendidas en el piso, bañadas en sangre, con marcas de golpes, sus cuerpos envueltos como cadáveres a ser desechados, atadas de pies y manos, con cinta adhesiva tapando sus bocas.

[15] Durante al menos 20 minutos frente al Palacio de Tribunales unas 50 mujeres desnudas se tendieron en el piso y apilaron sus cuerpos frente a una bandera que rezaba la consigna "Femicidio es Genocidio".

[16] El proyecto tuvo como objetivo principal crear obra fotográfica en base a la investigación y análisis de los femicidios en Chile, proponiendo en el acto de ofrendar una visualidad en honor a la memoria de tantas mujeres asesinadas y violentadas; las fotógrafas que forman parte del proyecto colectivo son: Marcela Bruna, Zaida González, Mariana Gallardo, Sumiko Muray, Pía Acuña, Kena Lorenzini, Ximena Riffo, Jocelyn Rodríguez, Macarena Peñaloza, junto a Gabriela Rivera y Andrea Herrera.

cero y Andrea Herrera Poblete. Del mismo modo sobresale el proyecto *Toco tu piel* (2017)[17] desarrollado por la fotógrafa uruguaya Manuela Aldabe, que busca recordar y dignificar a las víctimas de femicidios a partir de la exhibición de los retratos de objetos íntimos como sus ropas o accesorios.

El cine también ha sido un espacio para denunciar las desigualdades por razones de género, la violencia contra la mujer y su desenlace en el femicidio. El documental argentino "Cada 30 horas" de la directora Alejandra Perdomo (2016)[18] aborda la problemática desde la perspectiva testimonial con el propósito de derribar mitos y falsas creencias en torno al fenómeno.

Por su parte, aunque la creación literaria ha sido un vehículo para la difusión y reproducción de la cultura femicida, en los últimos años también se ha convertido en un escenario para la visibilización, denuncia y concientización ante el femicidio. Desde la narrativa es posible celebrar obras como *Chicas muertas* (2014) de la argentina Selva Almada[19], donde rescata del olvido varios casos de femicidio cuando esta categoría aún no existía en la región. Además, devela la complicidad y participación de la policía en estos crímenes, el hermetismo de las instituciones competentes, el clasismo imperante cuando de otorgar justicia a mujeres pobres y estereotipadas se trata, y en definitiva, la impunidad.

Las mujeres desde la poesía feminista también han interpelado los femicidios, han denunciado sus motivaciones, han evidenciado los patrones sociales, judiciales y mediáticos discriminatorios sobre estos delitos, pero principalmente, los han colocado en la palestra pública y han motivado su discusión. En América Latina destaca la poeta guatemalteca Isabel Ruano

---

[17] La fotógrafa visita a las familias de las víctimas de femicidios, habla con la madre de la víctima o conoce a sus hijos, se adentra en la realidad que están viviendo estos familiares, elige con ellos la prenda, saca la foto y exhibe los retratos de estos objetos en una pared. En un entrevista la artista señala que "Poner esa prenda sobre la pared es sacar(la) del cajón, de la bolsa donde estaba guardada, y darle de nuevo existencia; en ese caso el acto fotográfico se transforma en un acto de rebeldía contra el feminicidio. (…) A veces nos olvidamos de que esa mujer asesinada es un ser social y de que es muy querida por otras personas, por eso el fin es llegar a ellos y recordarla a través de la prenda" ("Fotógrafa uruguaya retrata prendas de víctimas de feminicidios para dignificarlas", *Sputnik*, 03 de junio de 2017).

[18] El documental construye la denuncia del femicidio a partir del testimonio de los familiares de las víctimas, quienes describen las violencias que sufrieron y las circunstancias en que fueron asesinadas, pero también cuenta con los testimonios de quienes trabajan para ayudarlas desde diversos organismos de atención de la violencia contra la mujer; esto con la intención de sensibilizar al espectador y hacerle entender que nunca se puede juzgar a las víctimas.

[19] La novela aborda las historias de tres femicidios reales, casos impunes de mujeres jóvenes asesinadas en Argentina en la década de los 80. Selva Almada cuenta las historias de Andrea, María Luisa y Sarita, pero siguiendo su huella añade un sinnúmero de historias semejantes de otras mujeres asesinadas, maltratadas o humilladas, en una sociedad donde la vida de las mujeres no vale nada.

(1945) quien en su poema *El silencio cerrado*[20] denuncia el femicidio, pero también la complicidad y la indiferencia social ante este crimen. Guisela López (1960) en sus poemas *Ni una más*[21] y *Feminicidio*[22] visibiliza la gravedad del femicidio, intenta concientizar y sensibilizar sobre este flagelo, al mismo tiempo que convoca a la protesta social desde el arte y la literatura.

La chilena Silvia Cuevas Morales (1962) con el poema *Razones para protestar*[23] también se pronuncia sobre el asesinato de mujeres por el hecho de ser mujeres. En este poema pone en evidencia una de las formas de femicidio más común, el íntimo, es decir, aquel cometido por parejas o exparejas; pero también desenmascara la revictimización de la que son víctimas las mujeres por parte del Estado y de las instituciones de justicia. La colombiana Jhoana Patiño (1982) en los poemas *Lapidadas murieron*[24] y *Nos mataron*[25] plantea que el femicidio es un fenómeno universal, de cuyo riesgo ninguna mujer está exenta en una sociedad patriarcal; que ataca sin distingo de clase social, formación académica, pertenencia étnica o racial, preferencia sexo-afectiva,

---

[20] "Nadie abrió la boca ni nadie dijo nada. Y ese silencio, hermanos, nos ha vuelto culpables. Nos quedamos callados, ni una protesta, ni una sola palabra se pronunciaron. Nada se dijo. Y todos fuimos cómplices de los canallas, todos quedamos con las manos embarradas de lodo. ¡Todos la violamos! Todos le arrancamos los pezones a mordiscos. Todos le sorbimos la sangre de los pechos ultrajados. ¡Cuando aún estaba viva! Y es que la bestia anda suelta. En todos los corazones. Y ese silencio de todos Es el silencio de la bestia saciada, es el silencio del culpable, de los cómplices. Porque ahora todos. Somos los asesinos de Rogelia".

[21] "No podemos cerrar los ojos al terror, su laberinto podría devorarnos. Para contener esta sombra que se cierne, sumemos nuestra voz a la palabra, hagamos pactos de amor, treguas de dudas, que no falten rosas, ni versos, ni canciones. Seamos intolerantes al silencio, para que, Ni una más, sea despojada de abril, del viento y de la lluvia".

[22] "El miedo se empeña en anidar nuestros cuerpos. Invade nuestros sueños. Obstaculiza cada acto deliberado de nuestras vidas. Es necesario conjurar la cacería".

[23] "Mientras eliminan centros de acogida y cierran el Ministerio de Igualdad, las mujeres siguen siendo asesinadas por quienes supuestamente las aman y las apalean en la privacidad de su hogar".

[24] "Y mueren las mujeres; quemadas, desfiguradas, mutiladas, enterradas vivas, perseguidas. Unas por bellas, otras, por feas. Unas por pobres, otras, por ricas. Algunas por locas, otras por cuerdas. Unas por necias. Sometidas, azotadas por dentro y por fuera. Mueren y morirán por no ser hombres, por tener vientre".

[25] "Mataron a Berta, A Sonia, y a Laura. También a Manuela y a su hermana. Mataron sus cuerpos, Callaron sus palabras, Quemaron sus historias, y arrancaron sus ganas. Mataron a Zuly. A Diana, y a Martha. Cerraron para siempre sus ventanas, Cortaron sus rostros, Amarraron sus manos, y eliminaron sus sueños. Y Hasta ahora nadie dijo nada. Mataron a madres, A abuelas y tías, A vecinas y amigas, A primas y sobrinas, A esposas y amantes. Y todo siguió como si nada. Las mataron una a una, Por siglos de infamia, En suelos machistas, con cadenas y balas, Tras leyes y batallas. Las mataron entre gente, En los ríos, En las casas. Solas y acompañadas. Las mataron una a una, Como si nada. A Verónica, y Alicia, A Paula y Tatiana. Las mataron, sus cercanos, y también sus lejanos, sus familias, Sus parejas, Sus amigos, y sus vecinos. Como deshojando margaritas que pronto crecerán para volver a ser arrancadas. Las mataron y nos matan por ser mujeres".

aspecto físico o personalidad. La poeta argentina Flor Codagnone (1982), quien a partir de las reseñas de femicidios reales en los medios de comunicación, construyó un poemario sobre la temática titulado *Filos* (2017), en el que denuncia las atrocidades del sistema patriarcal y poetiza sobre la crueldad de los asesinatos machistas[26].

La producción musical también es una poderosa y sororal herramienta para rechazar los femicidios, solidarizarse con las víctimas y exhortar a los Estados y las instituciones involucradas a garantizar a las mujeres el derecho a no ser victimizadas. En este ámbito destaca la socióloga, poeta y cantante de rap feminista guatemalteca Rebeca Lane, con sus canciones *Este cuerpo es mío* (2016)[27] y *Ni una menos* (2017)[28] denuncia la violencia contra la mujer por parte de sus parejas en el hogar y las múltiples formas de violencia a la que se enfrentan en los espacios públicos; al igual que, la indiferencia y la inoperancia institucional. Así mismo, visibiliza el movimiento ni una menos y los procesos de organización y lucha de las mujeres en la región.

También es necesario visibilizar a la psicóloga y cantante argentina Miss Bolivia quien con el tema *Paren de Matarnos* (2017)[29] denuncia el femicidio, la participación de la policía, la indiferencia de las instituciones de justicia, el tratamiento de los medios, así como la culpabilización y revictimización a

---

[26] "Estoy fingiendo que no te quiero, que no me importa la hoguera, la bolsa negra, la asfixia terrena, el vientre herido, el residuo del residuo en el que me convertís, cada vez que te molesta mi sexo. Cada cadáver de mujer soy, cada cadáver de mujer, soy cada falta, cada mujer que falta".

[27] "Hay tantas mujeres asesinadas por sus parejas por sus novios y nadie hacen nada, / hay tanta gente que nos echa la culpa y sin embargo tantas denuncias que nadie escucha, / en esta lucha no queremos ni una mujer menos".

[28] "Quisiera tener cosas dulces que escribir / pero tengo que decidir y me decido por la rabia / 5 mujeres hoy han sido asesinadas / y a la hora por lo menos 20 mujeres violadas / eso que solo es un día en Guatemala / multiplícalo y sabrás porqué estamos enojadas. / no voy a andar con pinzas para quien no entienda / que esto es una emergencia y estamos preparadas. (…) No tengo privilegio que proteja este cuerpo / en la calle creen que soy un blanco perfecto / pero soy negra como mi bandera y valiente / en nombre mío y en el de todas mis bisabuelas. / La curandera que murió de tantos golpes / porque el hombre que la amaba realmente la odiaba. (…) Cuéntanos bien en las calles somos miles / desde México hasta Chile y en el planeta entero / en pie de lucha porque vivas nos queremos / no tenemos miedo no queremos a ni una menos".

[29] Salí para el trabajo y no fui, / salí para la escuela y no llegué, / salí del baile y me perdí, / de pronto, me desdibujé. / Mis amigos me buscan por ahí, / los vecinos pegaron un cartel, / en los postes de luz del barrio, / en la calle, en el subte, en el tren. / Me busca mi hermano, me busca mi madre, / perdí contacto ayer a la tarde, / vino la tele, habló mi padre, / la red explota, el Twitter arde. / Si tocan a una, nos tocan a todas, / el femicidio se puso de moda, el juez de turno se fue a una boda, / la policía participa en la joda. / Y así va la historia de la humanidad, / que es la historia de la enfermedad. / Ay, carajo, qué mal que estamos los humanos, / loco, paren de matarnos. (…) Dicen que desaparecí / porque andaba sola por ahí, / porque usaba la falda muy corta, / se la pasan culpándome a mí. (…) Ovarios, garra, corazón, / mujer alerta, luchadora, / organizada, puño en alto, / y ni una menos, vivas nos queremos".

la que son sometidas las mujeres asesinadas por motivos de género. A ellas se une la también argentina Cecilia Griffa, cantante y militante feminista, compositora del tema *Nos queremos vivas, nos queremos fuertes* (2017)[30], en donde expone la histórica inferiorización de las mujeres y su cosificación en la sociedad patriarcal como génesis del femicidio.

Finalmente, las redes sociales también se han convertido en un espacio para develar y cuestionar el femicidio, así como el tratamiento que de estos hacen los medios de comunicación. Un ejemplo de ello es la página "La correctora" (2017)[31] en la cual se exponen y se corrigen aquellos titulares y reseñas periodísticas publicadas en los países de habla hispana, en los que se revictimiza a las mujeres asesinadas por motivos sexistas y misóginos. Estas iniciativas desde los distintos ámbitos de socialización y de producción académica, artística y cultural permiten contrarrestar y deconstruir progresivamente el mensaje de aniquilación de la feminidad masivamente propagado por la cultura femicida.

---

[30] "Me duele en el cuerpo / Ser ya tantas menos / La bronca me brota por fuera / La rabia me ahoga por dentro / No quiero quedarme callada / Aunque el silencio insiste / Al patriarcado le convengo temerosa y triste / Basta de matarnos no somos objetos / No son propietarios de nuestros cuerpos / Nos creen inferiores siento su desprecio / Piensan que pueden ponernos un precio / Nos tratan de putas de brujas de locas / Nos violan Nos echan la culpa / Nos quieren hacer nos quieren hacer callar la boca / Me duele que sean una cada veinte horas / me duele porque esa una somos todas / (…) Hay que encontrarse / Reconocerse / NOS QUEREMOS VIVAS / NOS QUEREMOS FUERTES".

[31] "La correctora" es una iniciativa desarrollada por las mexicanas Abigail Gutiérrez y Danae Silva, dos mujeres feministas que cansadas de leer encabezados con tintes machistas en los que predomina la tendencia a culpabilizar, invisibilizar y exponer de manera imparcial a las víctimas de femicidios, decidieron crear una página en Facebook y Twitter para intervenir las noticias publicadas. Esto con el fin de revelar la problemática que genera la falta de una perspectiva de género en el periodismo.

Capítulo 9

Actuaciones de los estados latinoamericanos ante la ocurrencia de los femicidios

La violencia contra la mujer no es un asunto privado, es un asunto público y criminal, sin embargo, ha sido un desafío lograr que los Estados lo comprendan como un problema social y no un hecho aislado o particular. La ocurrencia de altos índices de violencia femicida a nivel mundial y regional los han convertido en delitos difíciles de obviar, pero ha sido en las dos últimas décadas que el asesinato de mujeres por ser mujeres comienza a tener relevancia, a ser discutido, a formar parte de las agendas políticas internacionales.

El incremento de estos crímenes, la puesta en evidencia de esta problemática a través de diversas investigaciones académicas, la visibilización y denuncia del femicidio por parte de los movimientos feministas, así como, la movilización y presión militante que demanda a las instituciones una efectiva, eficiente y oportuna atención de estos delitos; ha favorecido la generación de conferencias, declaraciones, resoluciones e instrumentos internacionales que exhortan a los Estados a asumir su responsabilidad ante esta problemática y a generar políticas públicas, programas e iniciativas que contribuyan a su prevención, atención, sanción y erradicación.

La violencia por razones de género comenzaba a adquirir rango político e internacional con la Declaración Sobre la Eliminación de la Violencia contra la Mujer, adoptada en 1993 por la Asamblea General de las Naciones Unidas; en esta se recomendaba a los Estados aplicar por todos los medios apropiados y sin demora una política encaminada a eliminar la violencia contra la mujer, para lograrlo debían:

a. Considerar la posibilidad, cuando aún no lo hayan hecho, de ratificar la Convención sobre la eliminación de todas las formas de discriminación contra la mujer, de adherirse a ella o de retirar sus reservas a esa Convención;

b. Abstenerse de practicar la violencia contra la mujer;

c. Proceder con la debida diligencia a fin de prevenir, investigar y, conforme a la legislación nacional, castigar todo acto de violencia contra la mujer, ya se trate de actos perpetrados por el Estado o por particulares;

d. Establecer, en la legislación nacional, sanciones penales, civiles, laborales y administrativas, para castigar y reparar los agravios infligidos a las mujeres que sean objeto de violencia; debe darse a estas acceso a los mecanismos de la justicia y, con arreglo a lo dispuesto en la legislación nacional, a un resarcimiento justo y eficaz por el daño que hayan padecido; los Estados deben además informar a las mujeres de sus derechos a pedir reparación por medio de esos mecanismos;

e. Considerar la posibilidad de elaborar planes de acción nacionales para promover la protección de la mujer contra toda forma de violencia o incluir disposiciones con ese fin en los planes existentes, teniendo en cuenta, según proceda, la cooperación que puedan proporcionar las organizaciones no gubernamentales, especialmente las que se ocupan de la cuestión de la violencia contra la mujer;

f. Elaborar, con carácter general, enfoques de tipo preventivo y todas las medidas de índole jurídica, política, administrativa y cultural que puedan fomentar la protección de la mujer contra toda forma de violencia, y evitar eficazmente la reincidencia en la victimización de la mujer como consecuencia de leyes, prácticas de aplicación de la ley y otras intervenciones que no tengan en cuenta la discriminación contra la mujer;

g. Esforzarse por garantizar, en la mayor medida posible a la luz de los recursos de que dispongan y, cuando sea necesario, dentro del marco de la cooperación internacional, que las mujeres objeto de violencia y, cuando corresponda, sus hijos, dispongan de asistencia especializada, como servicios de rehabilitación, ayuda para el cuidado y manutención de los niños, tratamiento, asesoramiento, servicios, instalaciones y programas sociales y de salud, así como estructuras de apoyo y, asimismo, adoptar todas las demás medidas adecuadas para fomentar su seguridad y rehabilitación física y sicológica;

h. Consignar en los presupuestos del Estado los recursos adecuados para sus actividades relacionadas con la eliminación de la violencia contra la mujer;

i. Adoptar medidas para que las autoridades encargadas de hacer cumplir la ley y los funcionarios que han de aplicar las políticas de prevención, investigación y castigo de la violencia contra la mujer reciban una formación que los sensibilice respecto de las necesidades de la mujer;

j. Adoptar todas las medidas apropiadas, especialmente en el sector de la educación, para modificar las pautas sociales y culturales de comportamiento del hombre y de la mujer y eliminar los prejuicios y las prácticas consuetudinarias o de otra índole basadas en la idea de la inferioridad o la superioridad de uno de los sexos y en la atribución de papeles estereotipados al hombre y a la mujer;

k. Promover la investigación, recoger datos y compilar estadísticas, especialmente en lo concerniente a la violencia en el hogar, relacionadas con la frecuencia de las distintas formas de violencia contra la mujer, y fomentar las investigaciones sobre las causas, la naturaleza, la gravedad y las consecuencias de esta violencia, así como sobre la eficacia de las medidas aplicadas para impedirla y reparar sus efectos; se deberán publicar esas estadísticas, así como las conclusiones de las investigaciones;

l. Adoptar medidas orientadas a eliminar la violencia contra las mujeres especialmente vulnerables;

m. Incluir, en los informes que se presenten en virtud de los instrumentos pertinentes de las Naciones Unidas relativos a los derechos humanos, información acerca de la violencia contra la mujer y las medidas adoptadas para poner en práctica la presente Declaración;

n. Promover la elaboración de directrices adecuadas para ayudar a aplicar los principios enunciados en la presente Declaración;

o. Reconocer el importante papel que desempeñan en todo el mundo el movimiento en pro de la mujer y las organizaciones no gubernamentales en la tarea de despertar la conciencia acerca del problema de la violencia contra la mujer y aliviar dicho problema;

p. Facilitar y promover la labor del movimiento en pro de la mujer y las organizaciones no gubernamentales, y cooperar con ellos en los planos local, nacional y regional;

q. Alentar a las organizaciones intergubernamentales regionales a las que pertenezcan a que incluyan en sus programas, según convenga, la eliminación de la violencia contra la mujer.

A esta le seguiría la Convención Interamericana para Prevenir, Sancionar y Erradicar la Violencia Contra la Mujer (Convención de Belem do Pará), adoptada por la Organización de Estados Americanos en 1994. En ella por primera vez se reconoce la violencia contra la mujer como una violación de los derechos humanos y las libertades fundamentales; por lo cual en su artículo número 7 se alienta a los Estados Partes a condenar todas las formas de violencia contra la mujer y adoptar, por todos los medios apropiados y sin dilaciones, políticas orientadas a prevenir, sancionar y erradicar dicha violencia y en llevar a cabo lo siguiente:

a. Abstenerse de cualquier acción o práctica de violencia contra la mujer y velar por que las autoridades, sus funcionarios, personal y agentes e instituciones se comporten de conformidad con esta obligación;

b. Actuar con la debida diligencia para prevenir, investigar y sancionar la violencia contra la mujer;

c. Incluir en su legislación interna normas penales, civiles y administrativas, así como las de otra naturaleza que sean necesarias para prevenir, sancionar y erradicar la violencia contra la mujer y adoptar las medidas administrativas apropiadas que sean del caso;

d. Adoptar medidas jurídicas para conminar al agresor a abstenerse de hostigar, intimidar, amenazar, dañar o poner en peligro la vida de la mujer de cualquier forma que atente contra su integridad o perjudique su propiedad;

e. Tomar todas las medidas apropiadas, incluyendo medidas de tipo legislativo, para modificar o abolir leyes y reglamentos vigentes, o para modificar prácticas jurídicas o consuetudinarias que respalden la persistencia o la tolerancia de la violencia contra la mujer;

f. Establecer procedimientos legales justos y eficaces para la mujer que haya sido sometida a violencia, que incluyan, entre otros, medidas de protección, un juicio oportuno y el acceso efectivo a tales procedimientos;

g. Establecer los mecanismos judiciales y administrativos necesarios para asegurar que la mujer objeto de violencia tenga acceso efectivo a resarcimiento, reparación del daño u otros medios de compensación justos y eficaces.

Posteriormente, en la IV Conferencia Mundial sobre la Mujer celebrada en 1995, se aprobó la Declaración y Plataforma de Acción de Beijing; esta se constituyó como una hoja de ruta y marco de políticas internacionales para la acción ante las desigualdades por razones de género, y específicamente -en el caso que nos ocupa-, para prevenir y eliminar todas las formas de violencia contra las mujeres y las niñas. Para lograrlo, desde este documento se aconseja a los gobiernos a adoptar las siguientes medidas:

a. Condenar la violencia contra la mujer y abstenerse de invocar ninguna costumbre, tradición o consideración de carácter religioso para eludir las obligaciones con respecto a su eliminación que figuran en la Declaración sobre la Eliminación de la Violencia contra la Mujer;

b. No cometer actos de violencia contra la mujer y tomar las medidas necesarias para prevenir, investigar y, de conformidad con las leyes nacionales en vigor, castigar los actos de violencia contra la mujer, ya hayan sido cometidos por el Estado o por particulares;

c. Introducir sanciones penales, civiles, laborales y administrativas en las legislaciones nacionales, o reforzar las vigentes, con el fin de castigar y reparar los daños causados a las mujeres y las niñas víctimas de cualquier tipo de violencia, ya sea en el hogar, el lugar de trabajo, la comunidad o la sociedad;

d. Adoptar o aplicar las leyes pertinentes, y revisarlas y analizarlas periódicamente a fin de asegurar su eficacia para eliminar la violencia contra la mujer, haciendo hincapié en la prevención de la violencia y el enjuiciamiento de los responsables; adoptar medidas para garantizar la protección de las mujeres víctimas de la violencia, el acceso a remedios justos y eficaces, inclusive la reparación de los daños causados, la indemnización y la curación de las víctimas y la rehabilitación de los agresores;

e. Promover la integración activa y visible de una perspectiva basada en el género en todas las políticas y programas en materia de violencia contra la mujer; alentar vigorosamente, respaldar y aplicar las medidas y los programas destinados a desarrollar los conocimientos y propiciar la comprensión de las causas, las consecuencias y los mecanismos de la violencia contra la mujer entre los responsables de la aplicación de esas políticas, como los funcionarios encargados del cumplimiento de la ley, los miembros de la policía y los asistentes sociales, el personal médico y el personal judicial, así como entre las personas que se dedican a actividades relacionadas con las minorías, los migrantes y los refugiados, y establecer estrategias para impedir que las mujeres víctimas de la violencia vuelvan a sufrirla por la prescindencia del género en las leyes o en las prácticas de aplicación de la ley o los procedimientos judiciales;

f. Ofrecer a las mujeres víctimas de la violencia acceso a los sistemas judiciales y, según lo previsto en las leyes nacionales, a soluciones justas y eficaces para reparar el daño de que han sido objeto, e informarles acerca de su derecho a obtener compensación a través de esos mecanismos;

g. Aprobar y aplicar leyes contra los responsables de prácticas y actos de violencia contra la mujer, como la mutilación genital femenina, el feticidio femenino, la selección prenatal del sexo y la violencia relacionada con la dote, y respaldar con determinación los esfuerzos de las organizaciones no gubernamentales y locales por eliminar esas prácticas;

h. Formular y aplicar, a todos los niveles apropiados, planes de acción para erradicar la violencia contra la mujer;

i. Adoptar todas las medidas necesarias, especialmente en el ámbito de la enseñanza, para modificar los modelos de conducta sociales y culturales de la mujer y el hombre, y eliminar los prejuicios y las prácticas consuetudinarias y de otro tipo basadas en la idea de la inferioridad o la superioridad de uno de los sexos y en funciones estereotipadas asignadas al hombre y la mujer;

j. Crear mecanismos institucionales, o reforzar los existentes, a fin de que las mujeres y las niñas puedan dar parte de los actos de violencia cometidos contra ellas e interponer denuncias al respecto en condiciones de seguridad y confidencialidad, y sin temor a castigos o represalias;

k. Garantizar el acceso de las mujeres con discapacidad a la información y los servicios disponibles en el ámbito de la violencia contra la mujer;

l. Instaurar, mejorar o promover, según resulte apropiado, así como financiar la formación de personal judicial, letrado, médico, social, pedagógico y de policía e inmigración para evitar los abusos de poder que dan pie a la violencia contra la mujer, y sensibilizar a esas personas en cuanto a la naturaleza de los actos y las amenazas de violencia basados en la diferenciación de género, para conseguir que las mujeres víctimas reciban un trato justo;

m. Promulgar nuevas leyes cuando sea necesario y reforzar las vigentes en que se prevean penas para los miembros de la policía o de las fuerzas de seguridad o cualquier otro agente del Estado que cometa actos de violencia contra la mujer en el desempeño de sus funciones; revisar las leyes vigentes y adoptar medidas eficaces contra los responsables de esos actos de violencia;

n. Asignar recursos suficientes en el presupuesto del Estado y movilizar recursos locales para actividades relacionadas con la eliminación de la violencia contra la mujer, incluso recursos para la aplicación de planes de acción a todos los niveles apropiados; entre otras medidas.

En el año 2008 en el marco de la XIV Cumbre Judicial Iberoamericana, se consideró necesaria la elaboración de unas reglas básicas relativas al acceso a la justicia de las personas que se encuentran en condición de vulnerabilidad, lo cual dio paso a la aprobación de Las Reglas de Brasilia Sobre el Acceso a la Justicia de las Personas en Condición de Vulnerabilidad. Estas se convirtieron en el primer instrumento internacional en el que se hizo referencia explícita al asesinato de mujeres por el hecho de ser mujeres. En las referidas reglas se considera violencia contra la mujer "**cualquier acción o conducta, basada en su género, que cause muerte**[1], daño o sufrimiento físico, sexual o psicológico a la mujer, tanto en el ámbito público como en el privado, mediante el empleo de la violencia física o psíquica".

Ese mismo año el Comité de Expertas del Mecanismo de Seguimiento de la Convención de Belém do Pará (MESECVI) de la Organización de los Estados Americanos (OEA) y la Comisión Interamericana de Mujeres (CIM) hizo pública la "Declaración Sobre el Femicidio". En este documento el comité expresó con preocupación:

1. Que en América Latina y el Caribe, los femicidios son la manifestación más grave de discriminación y violencia contra las mujeres. Los altos índices de violencia contra ellas, su limitado o nulo acceso a la justicia, la impunidad que prevalece a los casos de violencia contra las mujeres y la persistencia de patrones socioculturales discriminatorios, entre otras causas, inciden en el aumento del número de muertes.

2. Que los femicidios son la muerte violenta de mujeres por razones de género, ya sea que tenga lugar dentro de la familia, unidad doméstica o en cualquier otra relación interpersonal; en la comunidad, por parte de cualquier persona, o que sea perpetrada o tolerada por el Estado y sus agentes, por acción u omisión.

3. Que las víctimas de femicidio son las mujeres en sus diversas etapas, situaciones o condiciones de vida.

4. Que numerosos casos de femicidio se producen como resultado de relaciones desiguales de poder en las parejas en las que la mujer ha sufrido violencia de forma grave o prolongada sin haber encontrado alternativas o apoyo para salir de ella.

---

[1] Destacado propio.

5. Que la situación de impunidad en femicidios se exacerba cuando existen situaciones de emergencia, conflictos armados, desastres naturales u otras situaciones de riesgo.

6. Que la mayoría de los femicidios quedan impunes debido, entre otras causas, al limitado acceso de las mujeres a la justicia, así como a los prejuicios de género durante los procesos judiciales, policiales y fiscales. Estos casos o son archivados por una supuesta falta de pruebas, o son sancionados como homicidios simples con penas menores, donde en muchas ocasiones se aplican los atenuantes de "emoción violenta" para disminuir la responsabilidad del victimario.

Ante estos hechos, el comité recomendó a los Estados Partes:

a. Que el atenuante de "emoción violenta" no sea utilizado para disminuir la responsabilidad de los autores de femicidio.

b. Legislar o fortalecer la legislación existente respecto a la autonomía de las mujeres, sus derechos y libertades, de manera que las mujeres que viven situaciones de violencia o son amenazadas, puedan encontrar formas efectivas y eficaces para salir de dichas relaciones y proteger sus vidas.

c. Incluir los riesgos de vida e integridad física y otras manifestaciones de violencia contra las mujeres en sus políticas de seguridad ciudadana.

d. Garantizar mayor y mejor acceso de las mujeres a la justicia; mejorando el sistema de investigación criminal y protección a las mujeres afectadas por violencia, incluso las pericias forenses, y el procedimiento judicial para eliminar la impunidad de los agresores así como sancionar adecuadamente a los funcionarios/as que no emplearon la debida diligencia en esos procedimientos.

e. Contar con bancos de datos, investigaciones y estadísticas que permitan conocer la magnitud de la problemática de femicidio en sus países, y que realicen el monitoreo de los avances y retrocesos del Estado en esa materia.

En noviembre de 2012 se celebró el Simposio de Viena sobre Femicidio, y tras su realización el Consejo Económico y Social de la ONU lanzó en el mes de abril de 2013 la "Declaración de Viena sobre Femicidios". En esta se reconoce y alerta que:

> El feminicidio está aumentando en todo el mundo y, a menudo queda impune, lo cual no sólo intensifica la subordinación y la impotencia de las mujeres y las niñas, sino que también envía el mensaje negativo a la sociedad que la violencia contra las mujeres puede ser a la vez aceptable e inevitable (Vienna Declaration on Femicide en Boira y otros, 2015, p. 29).

Estas exhortaciones de los organismos e instrumentos internacionales, aunado a las exigencias de los movimientos de mujeres, han creado las condiciones –no sin resistencias- para la impostergable generación de respuestas por parte de los Estados. En el caso latinoamericano se han logrado avances, desarrollando e implementando marcos jurídicos, políticas públicas y medidas orientadas a prevenir y sancionar el femicidio. Entre estas es posible considerar:

1. La progresiva aprobación de leyes contra la violencia por razones de género o reformas al código penal para tipificar el asesinato de una mujer por el hecho de ser mujer[2]. La terminología con la que se designa el asesinato fundamentado en criterios de desigualdad de género varía en las legislaciones nacionales de los distintos países de América Latina, denominándose homicidio agravado (Argentina), femicidio (Chile, Costa Rica, Ecuador, Guatemala, Nicaragua,

---

[2] Costa Rica (mayo 2007) Ley de Penalización de la Violencia Contra las Mujeres N° 8589. Guatemala (mayo 2008) Ley Contra el Femicidio y Otras Formas de Violencia Contra la Mujer. Chile (diciembre 2010) Ley N° 20.480 Modifica el Código Penal. El Salvador (enero 2011) Decreto 520 de la Ley Especial Integral para una Vida Libre de Violencia para las Mujeres. Nicaragua (febrero 2012) Ley 779, Ley Integral Contra la Violencia Hacia las Mujeres y de Reformas a la Ley 641 "Código Penal". Argentina (diciembre 2012) Ley 26791 Modifica Código Penal. Bolivia (marzo 2013) Ley 348 Integral para Garantizar a las Mujeres una Vida libre de Violencia. Perú (julio 2013) Ley 30.068 que incorpora el artículo 108-A al Código Penal y modifica los artículos 107, 46-B y 46-C del Código Penal y el articulo 46 del Código de Ejecución Penal, con la finalidad de prevenir, sancionar y erradicar el feminicidio. Panamá (octubre 2013) Ley 82 Tipifica el Femicidio y la Violencia Contra la Mujer. Ecuador (febrero 2014) Reforma al Código Orgánico Integral Penal. Venezuela (noviembre 2014) Ley de Reforma de la Ley Orgánica sobre el Derecho de las Mujeres a una Vida Libre de Violencia. República Dominicana (diciembre 2014) Ley No. 550-14 que Establece el Código Penal de la República Dominicana. Colombia (julio 2015) Ley 1.761, por la cual se crea el tipo penal de feminicidio como delito autónomo y se dictan otras disposiciones (Ley Rosa Elvira Cely). Paraguay (diciembre 2016) Ley n° 5.777 de Protección Integral a las Mujeres, Contra toda Forma de Violencia. Uruguay (septiembre 2017) Ley 19.538 Modifica el Código Penal.

Panamá, Uruguay y Venezuela) o feminicidio (Bolivia, Colombia, El Salvador, Paraguay, Perú y República Dominicana)[3].

2. La aplicación de penas ejemplificadoras para los perpetradores de homicidio agravado por razones de género, femicidio y feminicidio[4], entre estos: Bolivia, Nicaragua, Panamá y Paraguay con penas de hasta 30 años de cárcel, El Salvador y Costa Rica hasta 35 años, República Dominicana hasta 40 años, Colombia y Guatemala hasta 50 años, y Perú donde las condenas pueden alcanzar cadena perpetua[5].

---

[3] Según Munévar (2012), en el ámbito penal se han preocupado por debatir las fronteras rígidas de la neutralidad formal inherente a la tipificación para insistir en la necesidad de disponer de alternativas género-sensitivas -en el sentido de Alda Facio-, o género-específicas -nominadas por Patsilí Toledo-; es decir, en la configuración de tipos penales orientados a tener en cuenta las especificidades y particularidades vividas por las mujeres. Pero en el contexto de una ciencia jurídica androcéntrica y sexista, rápidamente surgirían detractores y opositores a la legislación específica o especial, principalmente por parte de los sectores más conservadores de la política y la sociedad civil, bajo el alegato de que las condiciones en las cuales ocurren los homicidios de mujeres ya están acogidas por el derecho penal. Otro argumento en contra de la legislación especial es que esta es considerada discriminatoria y, según algunos, otorga más valor a unas vidas que otras; no obstante, este tipo de leyes por el contrario intentan corregir o contrarrestar la discriminación, la desigualdad, y persiguen la equidad. Además, para Rita Segato (2016), la legislación especial es fundamental porque permite inscribir el asesinato de mujeres por motivos de género en el discurso potente de la ley y dotarlo así de eficacia simbólica y performativa, pero también porque "unas leyes específicas obligarán con más rigor a establecer protocolos detallados para laudos periciales policiales y médico-legales adecuados y eficientes para la investigación de la diversidad de los crímenes contra las mujeres en todos los tipos de situaciones, aún en aquellas que no sean entendidas, en las concepciones vigentes, como de tipo bélico o de conflicto interno" (Segato, 2016, p. 140).

[4] Afirma Laurenzo (2012) que algunas de estas legislaciones solo utilizan el nuevo delito con fines simbólicos-comunicativos, destinados a dar visibilidad a un importante problema social, sin agravar las penas; mientras que otras persiguen, además, efectos preventivos al endurecer de forma significativa la respuesta penal.

[5] Es importante señalar que pese a la tipificación de los delitos y la aplicación de penas ejemplificadoras, los índices de ocurrencia del femicidio no han disminuido en América Latina, por el contrario se han incrementado año a año, con excepción de Nicaragua que da cuenta de una reducción sostenida de los casos de femicidio, pasando de 42 en el año 2013 a 10 durante 2016. Si bien los informes oficiales muestran una progresiva minimización del delito de femicidio en Nicaragua, carecen de información fundamental como grupo etario de la víctima, lugar de ocurrencia del crimen, ubicación geográfica, arma o modalidad empleada, relación entre la víctima y el agresor, medidas o iniciativas desarrolladas por las unidades de competencia, entre otras, que permitirían caracterizar y comprender el fenómeno, así como, explicar el significativo, inmediato e inusual descenso de los femicidios desde su tipificación. Las penas ejemplarizantes han demostrado no ser efectivas, pues, "si la frecuencia criminal se mantiene, y más si ha aumentado, es claro que la pena máxima no tiene efecto preventivo disuasorio, fuera

3. La creación de unidades específicas o la delegación en las ya existentes, de la sistematización estadística de los femicidios[6], a fin de
contar con información precisa, fiable, oportuna y pública[7]; entre
estos destacan Argentina[8], Chile, Costa Rica, Ecuador y Perú[9].

4. La adopción e implementación por parte de algunos países del *Modelo de Protocolo Latinoamericano de Investigación de las Muertes
Violentas de Mujeres por Razones de Género (Femicidio/Feminici-
dio)*[10] o la elaboración de protocolos nacionales como es el caso de

---

de que es obvio que no lo puede tener en los casos no tan raros de femicidio-suicidio, a veces
de brutal crueldad. Si bien es correcto seguir imponiendo esas penas, lo cierto es que el derecho
penal llega tarde, pues las mujeres ya están muertas, y no parece razonable que el Estado se
limite a recoger cadáveres e imponer penas" (Zaffaroni, 2017, sp).

[6] De acuerdo a la CEPAL (2016), la medición del femicidio o feminicidio se inició en 2009,
en respuesta a lo debatido en la Reunión Técnica de Expertos en Estadísticas de Género
para el Análisis de los Indicadores del Observatorio de Igualdad de Género (Aguascalientes,
octubre de 2008) sobre feminicidio íntimo, y luego en la 42ª Reunión de la Mesa Directiva
de la Conferencia Regional sobre la Mujer de América Latina y el Caribe (Santiago, diciembre
de 2008), en que las Ministras y otras autoridades presentes solicitaron priorizar y levantar la
información sobre las muertes de mujeres ocasionadas por la pareja íntima o expareja íntima
(femicidio íntimo), en coherencia con la ausencia de tipificación del femicidio o feminicidio en
la mayoría de los países de la región.

[7] Sin embargo en otros países de la región parece prevalecer un escenario caracterizado por la
opacidad y el secretismo en lo que refiere las estadísticas en materia de femicidio. Este hecho
favorece la pululación de mitos, prejuicios y confusiones sobre este delito, sobre sus víctimas
y victimarios; al mismo tiempo que contribuye a diluir las demandas de prevención, atención
y sanción, así como, a banalizar y politizar esta problemática tradicionalmente obviada y
desatendida.

[8] En la Argentina, la Corte Suprema de Justicia de la Nación creó en 2014 el Registro Nacional
de Femicidios de la Justicia Argentina.

[9] Reseña el informe *Autonomía de las Mujeres e Igualdad en la Agenda de Desarrollo Sostenible*
de la CEPAL que el Ministerio Público del Perú a través de la Fiscalía de la Nación "cuenta,
desde 2009, con un Registro de Feminicidio y Tentativa de Feminicidio, que permite registrar
las muertes de mujeres en los casos de feminicidio íntimo, no íntimo o por conexión, haciendo
posible disponer de una cifra oficial para el país. Esto ha permitido mejorar el proceso de
investigación y ha dado lugar a la propuesta para un modelo predictivo para la prevención de
muertes de mujeres en un contexto de feminicidio. (…) El modelo predictivo ha permitido dar
seguimiento a las mujeres con más de cuatro denuncias por violencia familiar o tentativas de
feminicidio, a las que se asigna un puntaje de riesgo, que genera una alerta a la Fiscalía. Entre
2009 y 2015, se ha detectado un número de 183 mujeres en riesgo de feminicidio. Personal de
la Fiscalía realiza visitas domiciliarias a estas mujeres, las que han permitido reafirmar que el
46% de ellas están en alto riesgo y emitir una alerta a los mecanismos de prevención" (CEPAL,
2016, p. 114).

[10] Elaborado por la OACNUDH y ONU Mujeres en 2014. El Modelo de Protocolo es aplicable a
la investigación de las muertes violentas de mujeres, independientemente de que la legislación
nacional haya tipificado o no, de manera expresa, el delito de femicidio/feminicidio o haya
incorporado una causal de agravación punitiva o de calificación del tipo penal de homicidio.

Bolivia[11]. *El Modelo de Protocolo latinoamericano de investigación de las muertes violentas de mujeres por razones de género (femicidio/feminicidio)* ofrece directrices para el desarrollo de una investigación penal eficaz de las muertes violentas de mujeres por razones de género, de conformidad con las obligaciones internacionales suscritas por los Estados y pretende:

a. Proporcionar orientaciones generales y líneas de actuación para mejorar la práctica de los operadores de justicia, expertos forenses y cualquier personal especializado durante la investigación y el enjuiciamiento de las muertes violentas de mujeres por razones de género a fin de que se sancione a los responsables y se repare a las víctimas.

b. Promover la incorporación de la perspectiva de género en la actuación de las instituciones a cargo de la investigación, sanción y reparación de las muertes violentas de mujeres, como son la policía, el ministerio público, la fiscalía, las instituciones forenses y otros organismos judiciales.

c. Brindar herramientas prácticas para garantizar los derechos de las víctimas, los sobrevivientes y sus familiares. Estas herramientas toman en cuenta a los testigos, los peritos, las organizaciones, los querellantes y demás personas intervinientes en estos procesos.

5. La apertura de los servicios de refugio, casas de abrigo o de acogida, los cuales se desarrollaron para atender las necesidades básicas de las mujeres víctimas de violencia de género y de sus hijas e hijos, y protegerlas en situaciones de riesgo de muerte[12].

---

[11] Manual de Directrices Mínimas para la Investigación de Hechos Delictivos que Atenten Contra la Vida de Mujeres en Razón de Género – Feminicidio, y Protocolo y Ruta Crítica para la Atención y Protección a Víctimas en el marco de la Ley 348.

[12] Estos refugios, de acuerdo con Karen Stout (2006), tienen sus raíces en el movimiento de mujeres y en el movimiento contra la violación, no obstante, en el caso latinoamericano son muy pocos y casi no reciben financiamiento, por lo cual no tienen posibilidad de proporcionar protección más que a un muy limitado número de víctimas de violencia de género en riesgo de femicidio. A ello se suma la situación de que muchas de estas casas de abrigo o acogida tras un breve tiempo de funcionamiento son desmanteladas o cerradas, principalmente como consecuencia de vicisitudes políticas en los países latinoamericanos, cambio de autoridades en

Según Karen Stout (2006), estos albergues benefician a las mujeres víctimas de violencia de género y con alto riesgo de femicidio porque:

a. Les proporcionan seguridad ante un peligro inmediato.

b. Les proporcionan tiempo a las mujeres para recobrarse física y mentalmente del abuso.

c. Permiten que las mujeres desarrollen una imagen clara de su situación y de las opciones que tienen.

d. Permiten que las mujeres víctimas de violencia conozcan a otras mujeres que estaban experimentando situaciones dolorosas similares en sus vidas.

Estas medidas e iniciativas han permitido *grosso modo* atender las recomendaciones de los organismos y mecanismos internacionales para prevenir, sancionar y erradicar la discriminación y la violencia contra la mujer; han contribuido a desproveer progresivamente a los femicidios de los atenuantes de "emoción violenta", han coadyuvado a algunos países de la región a transitar hacia formas más expeditas de investigación criminal y han favorecido la homogenización de los procesos de cuantificación y análisis de los delitos; pese a ello, estas acciones no han sido suficiente, no han logrado disminuir y menos aún erradicar la ocurrencia del femicidio en las sociedades latinoamericanas.

---

las instituciones relacionadas con igualdad de género, el desinterés y desestimación de estas problemáticas, así como, por la aplicación de recortes y ajustes económicos en contextos de crisis o aplicación de políticas neoliberales; en este escenario las casas de abrigo y las políticas de prevención y atención de las mujeres víctimas de violencia son las primeras en ser sacrificadas.

Prevenir y atender para no lamentar: demandas, acciones y decisiones ante el femicidio en América Latina

El femicidio se extiende como una epidemia en América Latina, la respuesta hasta el momento proporcionada por los Estados ante la ocurrencia del fenómeno, si bien representan un gran avance, no ha sido suficiente. La ausencia, inacción e ineficacia de las políticas públicas, la falta de articulación institucional, la opacidad en torno a las estadísticas, la precaria asignación presupuestaria, la exigua sensibilización en la materia y la impunidad, se presentan como potenciadores de la amenaza que este delito representa contra la igualdad. Ante la magnitud y gravedad del femicidio en América Latina, se hace necesario el fortalecimiento de lo implementado y el desarrollo de nuevas estrategias, entre estas es posible considerar *grosso modo*:

a. Realizar un abordaje integral del fenómeno de la violencia contra la mujer, en articulación con los diferentes actores e instituciones sociales involucradas[1].

b. Diseñar e implementar políticas e iniciativas para la prevención de la violencia por razones de género dirigidas a los distintos grupos etarios; es decir, debe trascenderse la perspectiva adultocéntrica e iniciar la formación y sensibilización en la materia desde la infancia,

---

[1] Es imprescindible e impostergable el tratamiento de la violencia por razones de género desde una perspectiva pluricausal, multifactorial y multi-institucional, siendo necesario enfatizar en su prevención para que la judicialización y la penalización de los delitos por razones de género sea la última opción, no la única.

extendiéndose en las diferentes etapas y procesos de socialización de la persona.

c. Diseñar políticas públicas específicas orientadas a proteger y garantizar de manera especial el derecho a la no violencia de las niñas y las adolescentes.

d. Superar el enfoque femenil y mujeril de las políticas dirigidas a prevenir y erradicar la violencia por razones de género; este tipo de violencia no es solo un asunto de mujeres, sino de los hombres que la perpetran[2].

e. Desarrollar programas orientados a rehabilitar y trabajar con hombres agresores reales o potenciales.

f. Profundizar los procesos de investigación académica en materia de violencia contra la mujer y femicidio en grado de tentativa o frustración; a fin de identificar factores de riesgo y caracterizar el fenómeno, con el propósito de diseñar estrategias reales, efectivas y oportunas de prevención.

g. Destinar mayores recursos económicos para las políticas públicas de prevención de la violencia contra las mujeres.

h. Mejorar en los sistemas de salud los procesos de detección de las múltiples formas de violencia contra la mujer y el riesgo de femicidio.

i. Promover la denuncia de situaciones de violencia de género, no obstante, este hecho deberá estar acompañado por la generación de un clima de confianza en la institución por parte de quien acude a esta, la cual solo es posible alcanzar en la medida en que se optimicen los procesos de atención-recepción y canalización de denuncias

---

[2] Los programas y campañas de formación, concientización, sensibilización y prevención de la violencia de género no pueden estar -como hasta ahora- dirigidos de manera exclusiva a las mujeres, pues, se continua sensibilizando a las víctimas reales o potenciales mientras que se sigue obviando la necesidad de intervención social en lo que refiere a los agresores actuales o futuros.

en las instituciones formales orientadas a la prevención, atención y sanción de estos delitos[3].

j. Abrir más casas de abrigo, refugio o casas de acogidas para las mujeres (incluidos sus hijas e hijos) en riesgo de femicidio[4], lo cual les permita ponerse fuera del alcance de los potenciales femicidas.

k. Trascender la judicialización como mecanismo único de atención de estos delitos[5], aunado al monitoreo de los procesos de aplicación de las leyes y reformas al código penal para prevenir, sancionar y erradicar el femicidio.

l. Ampliar la tipificación del delito en los casos de las legislaciones que solo contemplan el homicidio agravado, femicidio o feminicidio como consecuencia de violencia por razones de género en los ámbitos domésticos o perpetrados exclusivamente por pareja o ex

---

[3] Para ello es necesario que la institución en cuestión se encuentre en capacidad real de garantizar la prevención del hecho no deseado y proveer a la denunciante de la protección necesaria en situaciones de violencia extrema, ya que, en ocasiones la denuncia se presenta como detonante del femicidio frente a la mirada apacible de la burocracia institucional.

[4] Karen Stout (2006) realizó un estudio que analiza la correlación entre los femicidios, los servicios sociales y la respuesta legislativa en 50 estados de Estados Unidos, con datos de los homicidios de mujeres a manos de una pareja masculina durante los años 1980, 1981 y 1982. El estudio mostró evidencias de que la disponibilidad de refugios y centros para atender crisis por violación en un estado está asociada con la reducción de prevalencia de femicidios íntimos. El estudio también permitió comprobar que los estados que han aprobado una legislación que norma el "desalojo civil de auxilio" presentan menos mujeres asesinadas en promedio, en comparación con los estados que no cuentan con dicha legislación. Además los estados que aprobaron otras formas de legislación para eliminar la violencia doméstica como financiamiento para refugios, desalojo civil temporal, arresto sin orden de aprensión con base en causa probable, así como, el reporte requerido y la recolección de información sobre violencia familiar, tienen un número promedio más bajo de mujeres asesinadas a mano de sus parejas masculinas en comparación con los estados que no contaban con dicha legislación.

[5] "En su libro 'Arrested Justice: Black Women, Violence, and America's Prison Nation' [*La justicia bajo arresto: mujeres negras, violencia y la nación prisión de América*], Beth Richie expone los peligros de confiar en tecnologías de criminalización como supuestas soluciones a los problemas de la violencia de género. Su argumento es que el movimiento antiviolencia predominante en EE UU dio un giro peligrosamente equivocado cuando comenzó a apoyar la represión policial y el encarcelamiento como principales estrategias destinadas a proteger a las «mujeres» de la violencia masculina. Era fácilmente previsible que quienes más estarían en el punto de mira de estas iniciativas destinadas a garantizar la seguridad de las «mujeres» serían los hombres de comunidades ya sometidas a una hipervigilancia de la policía y que ya contribuían de manera desproporcionada al incremento de la población penitenciaria. Resulta, sin embargo, que el uso generalizado de la categoría 'mujer' escondía una racialización clandestina operativa dentro de esta categoría, según la cual 'mujeres' en realidad significaba 'mujeres blancas' o, aún más concretamente, 'mujeres blancas acomodadas'" (Davis, 2016, sp).

pareja de la víctima, puesto que contribuye a invisibilizar los crímenes cometidos contra las mujeres por razones de género pero perpetrados fuera de la unidad doméstica o la relación conyugal.

m. Eliminar los atenuantes de emoción violenta que permitan a los autores del delito eludir su responsabilidad penal en las leyes que aún la contemplan.

n. Diseñar políticas públicas dirigidas a la reparación de las víctimas secundarias o indirectas del femicidio[6].

---

[6] Esto se encuentra amparado en la "Declaración de las Naciones Unidas sobre la Eliminación de la Violencia contra la Mujer", así como, en la Convención de Belém do Pará, en las cuales se establece la obligación de los Estados de garantizar a las mujeres víctimas de la violencia un acceso a los mecanismos de justicia y a una reparación justa y eficaz por el daño que hayan sufrido. En el caso de las víctimas de femicidio, esto se traduciría en reparaciones para las víctimas indirectas o secundarias, es decir, hijos dependientes y adultos mayores o personas con discapacidad bajo su cuidado, quienes la más de las veces quedan en condición de vulnerabilidad ante la ausencia forzada de estas mujeres, manifiestas en medidas, que incluyen la indemnización material, el resarcimiento simbólico y un amplio conjunto de garantías de no repetición. En Argentina se adelanta una propuesta que contempla la posibilidad de otorgar una pensión no contributiva para hijos menores de 18 años, de mujeres víctimas de femicidio. "El primero está localizado en la provincia de Santa Fe, y fue presentado por la diputada Mariana Robustelli (Movimiento Evita-Frente para la Victoria). El proyecto prevé entregarles una pensión no contributiva a las niñas, niños y adolescentes (NNA) que han perdido a sus madres por ser víctimas de femicidio, con la extensión del beneficio hasta jóvenes de 24 años. El monto estipulado en dicho proyecto es igual a la jubilación mínima vigente. El fundamento del proyecto apunta a establecer una medida reparatoria del daño sufrido, destacando la responsabilidad estatal sobre la violencia ya que el Estado —en este caso provincial— no adoptó las medidas necesarias y suficientes para prevenir la violencia contra las mujeres. (…) Para acceder a la pensión, la propuesta establece como destinatarios a todos los hijos y las hijas de víctimas de femicidios menores de 18 años, y para el caso de los y las jóvenes entre 18 y 24 años, deberán estar cursando estudios de cualquier nivel incluyendo formación y capacitación en oficios acreditados. Los mayores de 18 años en condición de discapacidad también podrán acceder a la pensión. Agrega la propuesta que no podrán ser administradores de la pensión quienes tuvieron responsabilidad de cualquier tipo en el fallecimiento de la madre de los beneficiarios, a partir de una determinación judicial. (…) En la provincia de Buenos Aires también se presentó un proyecto que prevé que se incorpore como una nueva pensión a las establecidas por la ley 10.205, la pensión graciable a los hijos menores de 18 años de madres víctimas de femicidio, siempre que exista sentencia condenatoria por homicidio que debe calificar la acción como muerte por causa de violencia de género y tener residencia ininterrumpida la víctima y sus hijos en la Provincia de Buenos Aires por el término de dos (2) años previos a la fecha del homicidio, salvo los niños y niñas menores de dos años, donde sólo se requerirá la antigüedad de la víctima. La pensión establecida, que los NNA percibirán a través de sus tutores o guardadores, será el cien (100) por ciento del haber pensionario fijado por el Poder Ejecutivo y con la deducción correspondiente de la Obra Social IOMA por cada uno de los NNA. Para cuando lleguen a la mayoría de 18 años, y siempre que acrediten su inscripción como estudiante universitario o de carrera de educación terciaria, el beneficio acordado se prorrogará en forma automática hasta la edad de 24 años inclusive, con condición de que

o. Optimizar los procesos, instrumentos y periodicidad de la re-colección, sistematización y presentación de las estadísticas de femicidios; la información oficial, completa, de calidad, confiable, accesible y oportuna permite desarrollar intervenciones que puedan salvar la vida de las mujeres[7].

p. Incorporar en los registros los casos de tentativa de femicidio o femicidio frustrado, puesto que, pocos países hasta la fecha cuentan con información al respecto.

q. Incorporar en los registros de femicidio de América Latina a la población de mujeres transgéneros victimizadas por su identidad o debido a la violencia por razones de género.

r. Incorporar la variable étnica en los registros estadísticos de femicidios, a fin de contar con información confiable sobre los

---

acredite la condición de alumno regular. Finalmente a nivel de la Cámara de diputados de la Nación, los integrantes de la comisión de Presupuesto y Hacienda dictaminaron una pensión no contributiva para hijos de mujeres fallecidas por violencia doméstica, proyecto que deberá ser tratado en recinto en el próximo período legislativo. Se trata de un beneficio, por cada NNA del grupo familiar de carácter mensual y se abonará a quien ejerza la guarda, que en ningún caso podrá ser el causante de la muerte de la mujer. Para acceder a este beneficio, se requerirá: ser menor y soltero; ser hijo, biológico o adoptado de madre fallecida a causa de la violencia domestica ejercida por parte del conyugue, conviviente o novio, sea este padre biológico o no del menor; residir de forma permanente en el territorio nacional y ser argentino o naturalizado. Para la permanencia de esta pensión, se exigirá que los niños y niñas en edad escolar asistan a la escuela, siguiendo los lineamientos de las leyes de asignación universal por hijo y que, junto a su grupo familiar, hayan iniciado procesos de orientación en torno a la violencia, a los fines de asistir psicológicamente a las víctimas de violencia directa o indirecta" (Rodríguez y Pautassi, 2016, p. 21-22). El proyecto de "Ley Brisa" para la Reparación Económica para niñas, niños, adolescentes y jóvenes víctimas colaterales de homicidios agravados por el vínculo (femicidios) finalmente fue aprobado por unanimidad en la Cámara de Diputados de la Nación Argentina el 04 de julio del año 2018.

[7] Uno de los grandes problemas existentes en la región es la poca disponibilidad de datos oficiales y confiables en materia de femicidio, en algunos casos no existe un mecanismo único de registro, las cifras varían de acuerdo a las instituciones, no existen criterios comunes para su recolección, sistematización y análisis, lo cual aumenta el riesgo de duplicidad en el conteo de los femicidios. Pero contar con esta información no solo es necesaria para garantizar el derecho de las mujeres a una vida libre de violencia y evitar el femicidio, sino que también permite evitar la tergiversación y desinformación en torno a las muertes registradas, y su utilización como instrumento político en escenarios altamente polarizados.

casos de femicidios perpetrados contra mujeres indígenas y afrodescendientes[8].

s. Profundizar y fortalecer los procesos de formación y sensibilización en materia de violencia contra la mujer y femicidios de los operadores de justicia.

t. Adoptar y aplicar el *Modelo de Protocolo Latinoamericano de Investigación de las Muertes Violentas de Mujeres por Razones de Género (Femicidio/Feminicidio)* en aquellos países que aún no lo incorporan a sus actuaciones.

u. Fortalecer la debida diligencia, la cual comprende la obligación de hacer accesibles recursos judiciales sencillos, rápidos, idóneos e imparciales de manera no discriminatoria; que permitan investigar, sancionar y reparar estos actos y prevenir de esta manera la impunidad.

v. Diseñar un modelo de protocolo latinoamericano para el abordaje mediático de los casos de femicidio[9], a fin de sensibilizar a los

---

[8] En América Latina los órganos de justicia e instancias encargadas de recabar las estadísticas de femicidios no incluyen en sus variables la etnicidad de las víctimas, por lo cual no es posible tener conocimiento sobre cuántas de las mujeres asesinadas por razones de género eran blancas, afrodescendientes o indígenas. Esto quiere decir, que no es posible determinar si existen mayores índices de ocurrencia en un determinado grupo étnico como consecuencia de los procesos sociales, entornos y experiencias diferenciadas a las que se enfrentan, o si por el contrario, estos crímenes se profundizan por la experiencia de racialización.

[9] La "Declaración Sobre el Femicidio" publicada por el Comité de Expertas del Mecanismo de Seguimiento de la Convención de Belém do Pará (MESECVI) de la Organización de los Estados Americanos (OEA) y la Comisión Interamericana de Mujeres (CIM), recomienda a los medios de comunicación: "Adoptar códigos de ética para el tratamiento de los casos de violencia contra las mujeres y en especial de los femicidios, promoviendo el respeto a la dignidad e integridad de las víctimas; y evitando la difusión de detalles morbosos, estereotipos sexistas o descalificadores de las mujeres. Los medios de comunicación deben cumplir un rol de educación ética ciudadana, promover la equidad e igualdad de género y contribuir a la erradicación de la violencia contra las mujeres" (MESECVI, 2008, p. 9). Posteriormente el *Modelo de Protocolo Latinoamericano de Investigación de las Muertes Violentas de Mujeres por Razones de Género Femicidio/Feminicidio* ha planteado que "es importante que los Estados, la sociedad civil y los medios de comunicación acuerden los mecanismos idóneos para garantizar el cubrimiento informativo de las muertes violentas de mujeres por razones de género, de conformidad con los estándares internacionales en la materia, tomando como principios básicos el respeto a la dignidad humana de las víctimas y sus familiares, la transparencia y la imparcialidad en el cubrimiento de la información" (OACNUDH y ONU Mujeres, 2014, p. 124).

profesionales de la comunicación, evitar la desinformación y la re-victimización de las víctimas[10].

w. Profundizar el debate sobre el femicidio en los medios de comunicación, desde una perspectiva multidisciplinaria con expertos académicos, especialistas y técnicos con experiencia y credenciales comprobables[11].

---

[10] Los medios deben asumir su responsabilidad social "asumir un rol más activo, no en la victimización de la ciudadanía, ni en instaurar el temor constante, sino en colaborar con los organismos estatales para trabajar en la prevención de la violencia de género, en vez de cubrir los feminicidios cuando éstos ya han sido ejecutados" (Ananías y Vergara, 2016, p. 57). Así también lo señala la investigadora Rita Segato: "hay una condición indispensable: la mediatización de los derechos. La visibilidad de los derechos construye, persuasivamente, la jurisdicción. El derecho es retórico por naturaleza, pero la retórica depende de los canales de difusión, necesita de publicidad. Es necesario que la propaganda y los medios de comunicación en general trabajen a favor de la evitabilidad, y no en su contra" (Segato, en Ananías y Vergara, 2016, p. 57). De acuerdo a ello, es necesario que la reseña de los casos de femicidio en los medios de comunicación se encuentre fundamentada sobre la base de una rigurosa investigación periodística, deben ser presentados de manera integral, analítica y respetuosa de las víctimas. El femicidio no debe ser mostrado como un hecho aislado, ni como una tragedia imposible de prevenir, debe evitarse el sensacionalismo y la criminalización de la víctima, debe explicitarse que este es una consecuencia del menosprecio de las mujeres, de la dominación masculina, y debe destacarse si hubo denuncias o procesos judiciales previos. Además, según Ananías y Vergara (2016), la noticia debe aportar una serie de datos útiles que ayuden a las víctimas y muestren lo intolerable de la agresión, debe ofrecer herramientas a las víctimas (teléfonos de ayuda, fundaciones o lineamientos a seguir en caso de sufrir violencia), y debe recordar los castigos a los feminicidas para disuadir agresiones futuras.

[11] Este aspecto es de fundamental importancia con motivo de que, cada vez con más frecuencia los medios de comunicación de gran audiencia entrevistan, reseñan y citan a personas que presentan como "expertos", pero que no cuentan con la experiencia, formación profesional o credenciales que les permitan proporcionar información confiable sobre esta problemática, y cuya pretendida "experticia" no proviene de ninguna fuente legítima. Estas personas la más de las veces solo reproducen en estos espacios prejuicios del sentido común, legitiman formas de dominación, discriminación y desigualdad, y algunos desde su desconocimiento justifican los femicidas o sus perpetradores. Este hecho responde a la falta de rigurosidad e investigación por parte de los productores de los medios de comunicación sobre quienes reseñan e invitan; aunado a la ausencia de restricciones éticas del supuesto "experto", quien seducido por la posibilidad de escalar socialmente y obtener beneficios a partir de su exposición mediática se pronuncia sobre aspectos para los cuales no se encuentra capacitado. Esto es lo que Keymer Ávila ha denominado opinólogos, los cuales se caracterizan por ser "personajes que, sin tener la formación académica ni técnica especializada, y sin investigaciones serias validadas por especialistas reales, emiten opiniones basadas en el sentido común, en preconcepciones y prejuicios [...] en los medios de comunicación. Se autodenominan expertos en algunos temas porque les dan declaraciones a algunos periodistas con los que tienen relaciones de amistad o empatía de alguna naturaleza. Estas ideas distorsionadas y desinformadas impiden tener una clara comprensión del fenómeno [...] y terminan influenciando de alguna manera las decisiones político criminales, agudizando así los problemas. Además, presentan cifras sin explicar la metodología empleada, ni su fuente y hacen cálculos y estimaciones que no describen el fenómeno real" (Ávila, 2016, p. 24-25).

x. Implementar medidas de protección para las mujeres defensoras de los derechos de las mujeres amenazadas y en condición de riesgo.

y. Privar de la responsabilidad parental a los perpetradores de femicidio a fin de evitar la revictimización de los sobrevivientes o víctimas secundarias del crimen[12].

z. Declarar un Día Internacional Contra el Femicidio[13].

Estos hechos en su conjunto tributarían a la profundización de los avances en la materia hasta el momento alcanzados, proporcionarían insumos para una mejor comprensión, análisis y atención del fenómeno; al mismo tiempo que podrían contribuir a desacelerar el ritmo de crecimiento de los casos de femicidio que amenazan la igualdad, la autonomía y el derecho de las mujeres a una vida libre de violencia en América Latina.

---

[12] Argentina es uno de los primeros países en adelantar esta normativa, específicamente con la aprobación en 2017 de la Ley 27.363 Modificación del código civil y comercial de la nación - Privación de responsabilidad parental. "Artículo 700 bis: Cualquiera de los progenitores queda privado de la responsabilidad parental por: a) Ser condenado como autor, coautor, instigador o cómplice del delito de homicidio agravado por el vínculo o mediando violencia de género conforme lo previsto en el artículo 80, incisos 1 y 11 del Código Penal de la Nación, en contra del otro progenitor; b) Ser condenado como autor, coautor, instigador o cómplice del delito de lesiones previstas en el artículo 91 del Código Penal, contra el otro progenitor, o contra el hijo o hija de que se trata; c) Ser condenado como autor, coautor, instigador o cómplice del delito contra la integridad sexual previsto en el artículo 119 del Código Penal de la Nación, cometido contra el hijo o hija de que se trata. La privación operará también cuando los delitos descriptos se configuren en grado de tentativa, si correspondiere".

[13] Si bien es cierto que el 25 de noviembre se conmemora cada año el Día Internacional de la Eliminación de la Violencia Contra la Mujer, aprobado por la Asamblea General de las Naciones Unidas en 1999; la aprobación de un día internacional específico contra el femicidio contribuiría a darle una mayor visibilidad a este fenómeno, así como, a la apertura de espacios para su problematización y discusión.

Referencias bibliográficas

ACNUDH (1993) *Declaración Sobre la Eliminación de la Violencia contra la Mujer*. Disponible en: https://goo.gl/ufrUWd

ACNUR (2008) *Las Reglas de Brasilia sobre el acceso a la justicia de las personas en condición de vulnerabilidad*. Disponible en: https://goo.gl/3r1uoH

"Alondra, de 15 años, se fue de pinta con su novio y terminó decapitada en un basurero". (22 de junio de 2017) *A Fondo*, México D.F.

Ananías, C. y Vergara, K. (2016) "Tratamiento informativo del feminicidio en los medios de comunicación digitales chilenos en marzo de 2016: Una aproximación al horizonte actual desde la perspectiva de género". *Comunicación y Medios*, 25 (34), 52-69.

"Angela Davis: 'Raza, género y clase son elementos entrelazados'". (08 de septiembre de 2016) *Diagonal*, Madrid.

"Asesinada tras montar en un vehículo de Cabify en México, la culpan por ir alcoholizada". (17 de Septiembre 2017) *Los Replicantes*.

Ávila, K. (2016) "Funcionarios de cuerpos de seguridad víctimas de homicidio: Estudio de casos del Área Metropolitana de Caracas". *Desafíos*, 28(2), 17-64.

Berlanga, M. (2010) *Las fronteras del concepto de feminicidio: una lectura de los asesinatos de mujeres en América Latina*. Fazendo Gênero 9 Diásporas, Diversidades, Deslocamentos. Universidad Federal de Santa Catarina, Florianópolis.

Bigalli, C. (2006). "El malleus maleficarum". *Sujetividad y Procesos Cognitivos*, 9, (92-114).

Black, M. (2018) "Los chicos no están bien (o por qué debemos repensar la masculinidad)". *The New York Times*, México, D.F.

Boira, S. y otros (2015) "Femicidio y feminicidio: Un análisis de las aportaciones en clave iberoamericana". *Comunitaria*, 10, 27-46.

Campbell, J. y Runyan, C. (1998) "Femicide: Guest editor's introduction". *Homicide Studies*, 2(4), 347-352.

Campbell, J. (2006) "Si yo no puedo tenerte, nadie puede: poder y control en el homicidio de la pareja femenina". En: *Feminicidio. La política del asesinato de las mujeres*. Centro de investigaciones interdisciplinarias en Ciencias y Humanidades Universidad Nacional Autónoma de México, México D.F.

Cantillo, L. (2011) *Feminicidio y medios de comunicación*. X Congreso Nacional de Sociología, Bogotá.

Caputi, J. (2006) "Publicidad femicida: violencia letal contra las mujeres en la pornografía y en la gorenografía". En: *Feminicidio. La política del asesinato de las mujeres*. Centro de investigaciones interdisciplinarias en Ciencias y Humanidades Universidad Nacional Autónoma de México, México D.F.

Caputi, J. y Russell, D. (2006) "Feminicidio: sexismo terrorista contra las mujeres". En: *Feminicidio. La política del asesinato de las mujeres*. Centro de investigaciones interdisciplinarias en Ciencias y Humanidades Universidad Nacional Autónoma de México, México D.F.

"Carpintero asesinó a su concubina porque esta le solicitó la separación". (23 de diciembre de 2015) *Diario Los Andes*, Mérida.

"Caso Wanda Taddei, un crimen que conmocionó al país". (21 de Febrero de 2013) *MDZ*, Mendoza.

Cazenave, N. and Zahn, M. (1992) "Women, Murder, and Male Domination: Police Reports of Domestic Violence in Chicago and Philadelphia". En: *Intimate Violence: Interdisciplinary perspectives*. Hemisphere, Washington, DC.

"Celópata mató a una pareja de jóvenes en una residencia". (18 de junio de 2017) *El Siglo*, Maracay.

CEPAL (2016) *Autonomía de las mujeres e igualdad en la agenda de desarrollo sostenible*. Disponible en: https://goo.gl/v3qYg5

CEPAL (2017) *Indicadores Feminicidio*. Disponible en: https://goo.gl/5461zS

"Cinco historias de violencia contra la mujer". (24 de noviembre 2015) *El Espectador*, Bogotá.

Cisneros, S. (2005) "El femicidio íntimo". En: *Femicidios e impunidad*. Centro de Encuentros Cultura y Mujer CECYM, Buenos Aires.

"Confirmado: Muere mujer acuchillada en Plaza Fiesta por no regresar con su ex". (23 de junio de 2017) *Tendencias de Yucatán*, Mérida.

Corte Suprema de la Justicia de la Nación. (2014-2016) *Registro Nacional de Femicidios de la Justicia Argentina*. Disponible en: https://goo.gl/bdALFG

Côté, A. (1991) *La rage du coeur. – Rapport de recherche sur le traitement judiciaire de l'homicide conjugal au Québec*. Regroupement des femmes de la Côte-Nord, Baie-Comeau.

Crawford, M. y Gartner, R. (1992) *Women killing: Intimate femicide in Ontario, 1974-1990*. Women We Honour Action Committee, Toronto.

Davis, A. (2004) *Mujeres, raza y clase*. Akal, Madrid.

Dawson, M. y Gartner, R. (1998). "Differences in the characteristics of intimate femicides: The role of relationship status and relationship State". *Homicide Studies*, 2, 378-400.

"Decapitó a su esposa Yohanna Escalona con un machete en Caracas". (11 de abril de 2016) *Panorama*, Maracaibo.

De Gouges, O. (1791) *Declaración de los derechos de la mujer y de la ciudadana*. Disponible en: https://goo.gl/a4LLH4

Domingo, C. (2006) "Lo que el hombre blanco nos dirá: informe del banco de datos sobre femicidio en Berkeley". En: *Feminicidio. La política del asesinato de las mujeres*. Centro de investigaciones interdisciplinarias en Ciencias y Humanidades Universidad Nacional Autónoma de México, México D.F.

Eagleton, T. (1997) *Ideología. Una introducción*. Editorial Paidós, Buenos Aires.

"El 'aberrante' empalamiento de una joven de 16 años conmociona Argentina". (17 de octubre de 2016) *20 Minutos*, Madrid.

"El cóctel mortal que llevó a una tragedia familiar en El Hatillo". (14 de noviembre de 2017) *Caraota Digital*, Caracas.

"El crimen caleidoscopio". (11 de junio de 2010) *Página 12*, Buenos Aires.

"El error de «El Chicle»: no quitó el móvil a Diana antes de meterla en el maletero". (02 de enero de 2018). *La Razón*, Madrid.

"El estrangulador de Caricuao: primer asesino en serie de Venezuela". (29 de mayo de 2015) *Runrunes*, Caracas.

"El significado cultural del meme se propaga con el relajo cibernético". (08 de julio 2014) *La Jornada*, México D.F.

"En un arranque de celos un obrero mató de un tiro a la esposa frente a sus hijos". (10 de abril de 2017) *Dossier33*, Caracas.

España, M. (2017) *La tragedia de las mujeres en la ópera*. Pikara Magazine, Bilbao.

Ewing, C. (1997). *Fatalfamilies*. Sage Publications, Thousand Oaks.

Facio, A. y Fries, L. (2005) "Feminismo, género y patriarcado". *Academia. Revista sobre Enseñanza del Derecho de Buenos Aires*, 3(6), 259-294.

Federici, C. (2010) *Calibán y la bruja*. Traficante de sueños, Madrid.

FGE (2016) *Femicidio. Análisis Penológico 2014-2015*. Disponible en: https://goo.gl/NLeCmX

"Fiscalía General muestra logros y modernización del Ministerio Público en rendición publica de cuentas final 2016". (16 de febrero 2017) Ministerio Público, La Paz.

"Fotógrafa uruguaya retrata prendas de víctimas de feminicidios para dignificarlas". (03 de junio de 2017) *Sputnik*, Moscú.

Franco, G. (1962) "Las leyes de Hammurabi: versión española, introducción y anotaciones". *Revista de Ciencias Sociales*, 6 (3), 331-356.

García, C., Guedes, A. y Knerr, W. (2013) *Comprender y abordar la violencia contra las mujeres*. Organización Panamericana de la Salud, Washington, DC.

Gartner, R., Dawson, M. y Crawford, M. "Asesinato de mujeres: feminicidio íntimo en Ontario: 1974-1994". En: *Feminicidio: una perspectiva global*. Centro de investigaciones interdisciplinarias en Ciencias y Humanidades Universidad Nacional Autónoma de México, México D.F.

Giddings, P. (1984) *When and Where I Enter: The Impact of Black Women on Race and Sex in America*. William Morrow, New York.

Goffman, E. (1991) "La ritualización de la feminidad". En: *Los momentos y los hombres*. Editorial Paidós, Barcelona.

Hester, M. (2006) "La brujo-manía en Inglaterra en los siglos XVI y XVII como control social de las mujeres". En: *Feminicidio. La política del asesinato de las mujeres*. Centro de investigaciones interdisciplinarias en Ciencias y Humanidades Universidad Nacional Autónoma de México, México D.F.

"Hombre casado se enamoró tanto de hermosa bailarina que le cortó la cabeza en un arranque de celos". (04 de enero 2018) *El Ciudadano*, Santiago de Chile.

Hom, S. (1991-92). "Female infanticide in China: The human rights specter and thoughts towards (an)other visión". *Columbia Human Rights Law Repórter*, 23 (2), 249-314.

IIDH. (1992) *Convención para la Prevención y la Sanción del Delito de Genocidio*. Disponible en: https://goo.gl/mxuWsJ

ILGA. (2017) *Homofobia de Estado. Estudio Jurídico Mundial Sobre la Orientación Sexual en el Derecho: Criminalización, Protección y Reconocimiento*. Disponible en: https://goo.gl/bZVfA1

"Indignación en Argentina por el asesinato de Micaela García". (10 de abril de 2017) *CNN Latinoamérica*, Miami.

INE (2010-2016) *Indicadores de género. Número y tasa de femicidios consumados y frustrados, según año*. Disponible en: https://goo.gl/VHz34g

INE (2014) *Violencia en Contra de la Mujer 2008-2013*. Disponible en: https://goo.gl/yC7Ayx

INE (2017) *Estadísticas de Violencia en contra de la Mujer 2014-2016*. Disponible en: https://goo.gl/1gcXvU

Instituto Nacional de Medicina Legal y Ciencias Forenses (2016) *Boletín Epidemiológico. Violencia de Género en Colombia. Análisis comparativo de las cifras de los años 2014, 2015 y 2016*. Disponible en: https://goo.gl/yV4LEx

ISDEMU (2015-2017) *Estado y situación de la violencia contra las mujeres en El Salvador*. Disponible en: https://goo.gl/Kk5tsK

Janssen-Jurreit, M. (2006) "Genocidio femenino". En: *Feminicidio. La política del asesinato de las mujeres*. Centro de investigaciones interdisciplinarias en Ciencias y Humanidades Universidad Nacional Autónoma de México, México D.F.

"Juez condena a 50 años de prisión a estudiante modelo que descuartizó a jovencita en Tlatelolco". (29 de mayo de 2017) *Revista Proceso*, México D.F.

Labelle, B. (2006) "Snuff: lo último en odio contra las mujeres". En: *Feminicidio. La política del asesinato de las mujeres*. Centro de investigaciones interdisciplinarias en Ciencias y Humanidades Universidad Nacional Autónoma de México, México D.F.

Labrecque, M. (2005) "Justicia social, impunidad, condiciones de vida de las mujeres. Una comparación México-Canadá". En: *Femicidios e impunidad*. Centro de encuentros cultura y mujer CECYM, Buenos Aires.

"La descuartizó, la cocinó y la escondió en el freezer". (25 de enero de 2018) *LMNeuquen*, Neuquén.

Lagarde, M. (2006) "Del femicidio al feminicidio". *Desde el jardín de Freud. Revista de Psicoanálisis*, 6, (216-225).

Lagarde, M. (2006) "Por la vida y la libertad de las mujeres. Fin al feminicidio". En: *Feminicidio: una perspectiva global*. Centro de investigaciones interdisciplinarias en Ciencias y Humanidades Universidad Nacional Autónoma de México, México D.F.

Lagarde, M. (2006) "Presentación a la edición en español". En: *Feminicidio. La política del asesinato de las mujeres*. Centro de investigaciones interdisciplinarias en Ciencias y Humanidades Universidad Nacional Autónoma de México, México D.F.

Lagarde, M. (2006) "Presentación a la edición en español". En: *Feminicidio: una perspectiva global*. Centro de investigaciones interdisciplinarias en Ciencias y Humanidades Universidad Nacional Autónoma de México, México D.F.

Lagarde, M. (2008) "Antropología, feminismo y política: violencia femicida y derechos humanos de las mujeres". En: *Retos teóricos y nuevas prácticas*. Ankulegi Editores, Donostia.

"Las maté a todas, ahora sigues tú: escort deja video que exhibe a su asesino". (20 de marzo de 2018) *El Universal*, México D.F.

"La misoginia y la violencia permean el arte y la vida en Guatemala". (18 de abril de 2017) *Diario Público*, Madrid.

"Las mujeres de Bahía Portete: entre la memoria del pasado y la reinvención del presente". (11 de septiembre 2010) *La Silla Vacía*, Bogotá.

Laurenzo, P. (2012) "Apuntes sobre el feminicidio". *Revista de Derecho Penal y Criminología*, 8, (119-143).

"Le dieron prisión domiciliaria al encubridor del asesinato de Lucía Pérez". (15 de agosto de 2017) Diario *La Nación*, Buenos Aires.

"Liana Hergueta fue electrocutada y violada antes de ser desmembrada". (13 de agosto de 2015) *El Estímulo*, Caracas.

"Lo que sabemos del feminicidio en Reforma 222". (20 de marzo de 2018) *El Universal*, México D.F.

"'Lucía tenía sexo con quien quería' y otras frases para negar un femicidio". (27 de noviembre de 2018) *Cosecha Roja*.

"Male supremacy is a hateful ideology advocating for the subjugation of women". (22 de febrero de 2018) *Southern Poverty Law Center*, Montgomery.

Mauner, R. en Cuvillier, A. (1968) *Introducción a la sociología*. Editorial la Pléyade, Buenos Aires.

"Mataron a mujer de un tiro en la cara por presuntamente querer dejar a su marido". (22 de enero de 2017) *Panorama*, Maracaibo.

Melgar, L. (2008). "El feminicidio se refiere a ese conjunto de brutales asesinatos de mujeres, donde los cuerpos se utilizan para dejar mensajes y que suelen quedar impunes". *Revista de Humanidades*, 4(30).

MESECVI (2008) *Declaración sobre el femicidio*. Disponible en: https://goo.gl/ispxNp

Millett, K. (1970) *Sexual politics*. Ballantine, New York.

"Mindy Rodas: cercenada, amenazada, ignorada y... ¡asesinada!" (01 de mayo de 2011) *Globedia*.

MININTERIOR (2017) *Femicidios íntimos en Uruguay. Homicidios a mujeres a manos de (ex) parejas*. Disponible en: https://goo.gl/RC59wN

Ministerio Público de Nicaragua (2013-2016) *Informes de Gestión Anual*. Disponible en: https://goo.gl/kN3ZS6

Ministerio Público de Panamá (2014-2016) *Estadísticas de femicidios*. Disponible en: https://goo.gl/GwJEnU

Ministerio Público de Venezuela (2015) *Informe anual de gestión 2015*. Disponible en: https://goo.gl/ZdBkqn

Ministerio Público de Venezuela (2016) *Informe anual de gestión 2016*. Disponible en: https://goo.gl/rxP9Sy

MINJUS (2017) *Boletín V-2017 Feminicidios en el Perú*. Disponible en: https://goo.gl/5j12YN

MINMUJERYEG (2010-2016) *Informes Circuito Intersectorial de Femicidios*. Disponible en: https://goo.gl/sBXNF5

MIMP (2016) *Estadísticas sobre feminicidio según las características de las víctimas y el presunto victimario 2009–2015*. Disponible en: https://goo.gl/cPGQwv

Monárrez, J. (2005). "Feminicidio sexual serial en Ciudad Juárez: 1993-2001". *Derechos Humanos. Órgano Informativo de la Comisión de Derechos Humanos del Estado de México*, 12(73), (41-56).

Monárrez, J. (2006) "Las diversas representaciones del feminicidio y los asesinatos de mujeres en Ciudad Juárez, 1993-2005". En: *Sistema Socioeconómico y Geo-referencial sobre la Violencia de Género en Ciudad Juárez*, Vol. II. El Colegio de la Frontera Norte y Comisión Para Prevenir y Erradicar la Violencia Contra las Mujeres en Ciudad Juárez, México D.F.

"Mujer estrangulada en motel tenía un marido y tres amantes". (22 de septiembre de 2016) *La Verdad*, Maracaibo.

"Mujer fue asesinada por su esposo luego de apuñalarlo". (05 de junio de 2016) *El nacional*, Caracas.

"Mujer hallada muerta en La Cañada fue asesinada por su exmarido: No soportó la separación y no quería verla con otro hombre". (05 de noviembre de 2015) *Noticia al día*, Maracaibo.

"Mujer violada y estrangulada en San Félix vivía sola en su casa". (6 de septiembre de 2015) *Correo del Caroní*, Ciudad Guayana.

Munévar, D. (2012) Delito de femicidio. Muerte violenta de mujeres por razones de género. *Estudios Socio-Jurídicos*, 14(1), 135-175.

"Murió la esposa del baterista de Callejeros, tras diez días de internación". (21 de febrero de 2010) *La Nación*, Buenos Aires.

"No acepó que lo dejara y la mató a puñaladas". (18 de enero de 2016) *Diario 2001*, Caracas.

"Nuevamente tras las rejas Víctor Colmenares Lupión, acusado de violencia sexual agravada". (02 de junio de 2011) *Noticiero Digital*, Caracas.

OACNUDH y ONU Mujeres (2014) *Modelo de protocolo latinoamericano de investigación de las muertes violentas de mujeres por razones de género (femicidio/feminicidio)*. Disponible en: https://goo.gl/Zx92qt

OAG (2010-2016) *Homicidios de mujeres presunto agresor*. Disponible en: https://goo.gl/DhmKrz

Observatorio de Violencia de Género Contra las Mujeres y Acceso a la Justicia del Poder Judicial de la República de Costa Rica (2017) *Femicidio*. Disponible en: https://goo.gl/egBTa6

OEA (1994) *Convención Interamericana para Prevenir, Sancionar y Erradicar la Violencia Contra la Mujer (Convención de Belem do Pará)*. Disponible en: https://goo.gl/pz54bT

ONU Mujeres (2014) *Declaración y Plataforma de Acción de Beijing*. Disponible en: https://goo.gl/GrwDJ3

ONU Mujeres (2014) *Violencia contra las mujeres en Paraguay: avances y desafíos*. Disponible en: https://goo.gl/JJ5RkU

Padgett, H. (2014) *Las muertas del Estado: los números del odio*. Sin embargo, México D.F.

Pineda, E. (2015) *Las mujeres en los dibujos animados de televisión. Una aproximación sociológica*. Acercándonos ediciones, Buenos Aires.

Pineda, E. (2017) *El riesgo de ser mujer*. La Red 21, Montevideo.

Pineda, E. (2017) *Horror con rostro de mujer: El femicidio en la sociedad venezolana. Parte 1-7*. Contrapunto, Caracas.

Pineda, E. (2017) *Machismo y vindicación. La mujer en el pensamiento sociofilosófico*. Prometeo Libros, Buenos Aires.

"Por irse a bailar con su novio violaron y asesinaron a su hija". (17 de Enero 2018) *La Verdad*, Quintana Roo.

"Por qué la banda mexicana Café Tacvba ya no va a tocar su popular canción 'La ingrata'". (23 de febrero 2017) *BBC Mundo*, Londres.

Pontón, J. (2009) "Violencia femicida en los medios: de la visibilización al adecuado tratamiento". *Ciudad Segura*, 31, 4-9.

Procuraduría General de la República Dominicana (2013-2016) *Informes 2013-2016 sobre los feminicidios en la Republica Dominicana*. Disponible en: https://goo.gl/Ui9Ksn

Radford, J. (2006) "Introducción". En: *Feminicidio. La política del asesinato de las mujeres*. Centro de investigaciones interdisciplinarias en Ciencias y Humanidades Universidad Nacional Autónoma de México, México D.F.

Radford, J. (2006) "¿De aquí, por donde seguimos?". En: *Feminicidio. La política del asesinato de las mujeres*. Centro de investigaciones interdisciplinarias en Ciencias y Humanidades Universidad Nacional Autónoma de México, México D.F.

Radford, J. (2006) "Matanza de mujeres: ¿licencia para matar? La muerte de Jane Asher". En: *Feminicidio. La política del asesinato de las mujeres*. Centro de investigaciones interdisciplinarias en Ciencias y Humanidades Universidad Nacional Autónoma de México, México D.F.

Radford, J. (2006) "Retrospectiva de un proceso". En: *Feminicidio. La política del asesinato de las mujeres*. Centro de investigaciones interdisciplinarias en Ciencias y Humanidades Universidad Nacional Autónoma de México, México D.F.

Rodríguez, C. y Pautassi, L. (2016) *Violencia contra las mujeres y políticas públicas Implicancias fiscales y socioeconómicas*. CEPAL, Santiago de Chile.

Robson, R. (2006) "Lesbicidio legal". En: *Feminicidio. La política del asesinato de las mujeres*. Centro de investigaciones interdisciplinarias en Ciencias y Humanidades Universidad Nacional Autónoma de México, México D.F.

Rojas, C. (2015) "El andamiaje retórico de género: Una liberación sobre la cultura generizada de la Universidad Autónoma de Ciudad de Juárez, México". *Revista de Comunicación Vivat Academia*, 18(132), 125-161.

Russell, D. (2006) "Definición de feminicidio y conceptos relacionados" En: *Feminicidio: una perspectiva global*. Centro de investigaciones interdisciplinarias en Ciencias y Humanidades Universidad Nacional Autónoma de México, México D.F.

Russell, D. (2006) "El SIDA como feminicidio en masa: énfasis en África del Sur". En: *Feminicidio: una perspectiva global*. Centro de investigaciones interdisciplinarias en Ciencias y Humanidades Universidad Nacional Autónoma de México, México D.F.

Russell, D. (2006) "Feminicidio: la "solución final" de algunos hombres para las mujeres". En: *Feminicidio: una perspectiva global*. Centro de investigaciones interdisciplinarias en Ciencias y Humanidades Universidad Nacional Autónoma de México, México D.F.

Russell, D. (2006) "Feminicidio por arma de fuego: un año de crímenes de odio mortales en Estados Unidos". En: *Feminicidio: una perspectiva global.* Centro de investigaciones interdisciplinarias en Ciencias y Humanidades Universidad Nacional Autónoma de México, México D.F.

Russell, D. (2006) "Femicidio por linchamiento en Estados Unidos". En: *Feminicidio. La política del asesinato de las mujeres.* Centro de investigaciones interdisciplinarias en Ciencias y Humanidades Universidad Nacional Autónoma de México, México D.F.

Russell, D. (2006) "Las políticas del feminicidio". En: *Feminicidio: una perspectiva global.* Centro de investigaciones interdisciplinarias en Ciencias y Humanidades Universidad Nacional Autónoma de México, México D.F.

Russell, D. (2011) *The origin and importance of the term femicide.* Disponible en: http://www.dianarussell.com/origin_of_femicide.html

Russell, D. y Harmes, R. (2006) *Feminicidio: una perspectiva global.* Centro de investigaciones interdisciplinarias en Ciencias y Humanidades Universidad Nacional Autónoma de México, México D.F.

Russell, D. y Radford, J. (2006) *Feminicidio. La política del asesinato de las mujeres.* Centro de investigaciones interdisciplinarias en Ciencias y Humanidades Universidad Nacional Autónoma de México, México D.F.

Sau, V. (2000) *Un diccionario ideológico feminista.* Icaria, Barcelona.

"Se conocían de chicos, fueron novios y la mató porque ella lo dejó". (13 de noviembre de 2017) *Clarín,* Buenos Aires.

Secretaria de Género de la Corte Suprema de Justicia (2017) *Feminicidio en Paraguay: hecho punible de acción penal pública.* Disponible en: https://goo.gl/sALKhu

Segato, R. (2006) *Que es un feminicidio. Notas para un debate emergente.* Universidad de Brasilia, Brasilia.

Segato, R. (2010) "Feminicidio y femicidio: conceptualización y apropiación". En: *Feminicidio: un fenómeno global. De lima a Madrid.* Heinrich Böll Stiftung, Bélgica.

Segato, R. (2012) "Femigenocidio y feminicidio: una propuesta de tipificación". *Revista Herramienta,* (49).

Segato, R. (2016) *La guerra contra las mujeres*. Traficantes de sueños, Madrid.

Singer, B. (2006) "Matanza de mujeres amerindias: una perspectiva de las mujeres Tewa". En: *Feminicidio. La política del asesinato de las mujeres.* Centro de investigaciones interdisciplinarias en Ciencias y Humanidades Universidad Nacional Autónoma de México, México D.F.

Stein, D. (2006) "Mujeres a la hoguera: El Suti como una institución normativa". En: *Feminicidio. La política del asesinato de las mujeres.* Centro de investigaciones interdisciplinarias en Ciencias y Humanidades Universidad Nacional Autónoma de México, México D.F.

Stout, K. (2006) "Femicidio íntimo. Efectos de la legislación y de los servicios sociales". En: *Feminicidio: una perspectiva global.* Centro de investigaciones interdisciplinarias en Ciencias y Humanidades Universidad Nacional Autónoma de México, México D.F.

"Suicidio pasional". (03 de octubre de 2017) *El Diario*, México D.F.

"Tania Karina quería irse a una fiesta, lo hizo; apareció enterrada en casa de su novio". (20 de junio de 2017) *60 Minutos*, México D.F.

"Tras pelea de la pareja hallan a su hija junto el cadáver de su mamá". (18 de noviembre de 2017) *Excelsor*, México D.F.

Turvey, B.E. (1999). *Criminal Profiling. An Introduction To Behavioral Evidence Analysis.* Academic Press, New York.

"Una fanática de los boliches, que abandonó la secundaria". (13 de septiembre de 2014) *Clarín*, Buenos Aires.

"Una joven destripada en una carnicería, el penúltimo feminicidio que hace temblar a Ecatepec". (06 de agosto de 2017) *El País*, Madrid.

"Un atleta 'normal y corriente'. Sorpresa total en Moraña por la detención de 'El Chicle'". (31 de diciembre de 2017) *Faro de Vigo*, Vigo.

Ungo, U. (2008) *Femicidio en Panamá 2000- 2008.* Centro Feminista de Información y Acción, San José.

"Un oficial sorprende a su jefe con su mujer y los asesina". (18 de junio 2015) *La Verdad*, Maracaibo.

Venkatramani, S.H. (2006) "Infanticidio femenino: nacida para morir". En: *Feminicidio. La política del asesinato de las mujeres.* Centro de investigaciones interdisciplinarias en Ciencias y Humanidades Universidad Nacional Autónoma de México, México D.F.

WACC (2010) Global Media Monitoring Project 2010. Disponible en: https://goo.gl/LwvPu8

Wilson, M. & Daly, M. (1993). "Spousal homicide risk and estrangement". *Violence and victims*, 8(1), 3-16.

Zaffaroni, R. (2005). "¡El derecho penal liberal y sus enemigos". En: *En torno a la cuestión penal*. Euro Editores, Buenos Aires.

Zaffaroni, E. (2011) *La cuestión criminal*. Planeta, Buenos Aires.

Zaffaroni, R. (2017) "Femicidio". *Página 12*, Buenos Aires.

Impreso por TREINTADIEZ S. A. en 2019
Pringles 521 (C1183 AEI)
Ciudad Autónoma de Buenos Aires
Teléfonos: 4864-3297 / 4862-6794
editorial@treintadiez.com